GÉNÉALOGIE

DE LA

FAMILLE BEAUX

TROISIÈME ÉDITION
REVUE, CORRIGÉE ET AUGMENTÉE

1890

PARIS

TYPOGRAPHIE GASTON NÉE

1, RUE CASSETTE, 1

$$Lm^3$$
2.0a2

GÉNÉALOGIE

DE LA

FAMILLE BEAUX

TROISIÈME ÉDITION

REVUE, CORRIGÉE ET AUGMENTÉE

1890

PARIS

TYPOGRAPHIE GASTON NÉE

1, RUE CASSETTE, 1

RENSEIGNEMENTS

SUR

LA FAMILLE BAUD

MAIRIE DE SAINT-ANDRÉ-DE-MAJENCOULES

MARIAGE :

26 mai 1667. — De Jean Baud et de Toinette Dommenge, de Saint-André-de-Majencoules. — (Les registres ne portent pas d'autres mentions.)

NAISSANCES :

11 juillet 1669. — Jean Baud, fils de Jean et de Toinette Dommenge.
> PARRAIN : Jacques de Boyer, de la Rouvière.
> MARRAINE : Catherine Foujolle.

28 décembre 1670. — Marie Baud, fille de Jean et de Toinette Dommenge, de Saint-André.
> PARRAIN : Teissier.
> MARRAINE : Marguerite Emenard, de la Coste.

MARIAGE :

17 janvier 1692. — De Jean Baud, maréchal-ferrant, âgé de 22 ans, fils de Jean Baud et de Toinette Dommenge, domiciliés à Saint-André-de-Majencoules, et de Jeanne Berthézène, âgée de 25 ans, fille de Charles, et de Sarran, du Mazel.

NAISSANCES :

11 novembre 1692. — Jean Baud, fils de Jean, et de Jeanne Berthézène.
> PARRAIN : Jacques Baud (sans doute frère du père).
> MARRAINE : Sarran du Mazel (sans doute la grand'mère).

12 septembre 1700. — François Baud, fils de Jean, maréchal, et de Jeanne Berthézène.

PARRAIN : Fulcrand Daudé, de la Coste.
MARRAINE : Jeanne Laporte, du Mazel.

25 juillet 1706. — Naissance et sépulture d'un fils de Jean et de Jeanne Berthézène, mort-né.

1ᵉʳ mars 1726. — Suzanne Baud, fille légitime de Jacques Baud, maître maréchal, et de Suzanne Maffré, née à Saint-André de Majencoules.

PARRAIN : Jean Baud, de Sumène.
MARRAINE : Marie Flavier, de la Rouvière-Raoux.

21 septembre 1727. — Jacques Baud, fils légitime de Jacques Baud, maître maréchal, et de Suzanne Maffré, né à Saint-André.

PARRAIN : Jean Mazel, du Mazel, commune de Mandagout.
MARRAINE : Anne Baud, de Saint-André.

19 août 1729. — François Baud, fils de Jacques Baud, maître maréchal, et de Suzanne Maffré, né à Saint-André.

PARRAIN : François Baud, maître maréchal.
MARRAINE : Marie Maffré, du Mazel.

11 mai 1732. — Étienne Baud, fils de Jacques Baud, maître maréchal, et de Suzanne Maffré, né à Saint-André.

PARRAIN : Étienne Blanchon, du Vigan.
MARRAINE : Suzanne Portalès, de Peyregrosse.

27 novembre 1733. — Marie Baud, fille de Jacques Baud, maître maréchal, et de Suzanne Maffré, née à Saint-André.

PARRAIN : Louis Berthézène, du Mazel.
MARRAINE : Anne Salze, du Mazel.

9 janvier 1736. — Anne-Constance Baud, fille de Jacques Baud, maître maréchal, et de Suzanne Maffré, née à Saint-André.

PARRAIN : François Maffré, du Mas del Prat.
MARRAINE : Constance Vezin, de La Salle.

MARIAGE :

20 novembre 1745. — D'Étienne Flavier, maître maréchal de Valleraugue, fils de feu Étienne et de Marie Puech, marié avec Suzanne Baud, fille de Jacques, maître maréchal, et de Suzanne Maffré.

NAISSANCES :

8 décembre 1746. — Suzanne Flavier, fille d'Étienne Flavier, maître maréchal, et de Suzanne Baud, née à Saint-André.

PARRAIN : Antoine Flavier, de Valleraugue.
MARRAINE : Suzanne Maffré.

6 janvier 1749. — Marie-Anne Flavier, fille d'Étienne Flavier, maître maréchal, et de Suzanne Baud, née à Saint-André.

PARRAIN : Antoine Portalès, de la Rouvière.
MARRAINE : Marie Puech, de Saint-André.

DÉCÈS :

30 octobre 1749. — Suzanne Baud, femme d'Étienne Flavier, maître maréchal, décédée à Saint-André.

MARIAGE :

17 juin 1750. — D'Étienne Flavier, maître maréchal, de Saint-André, veuf de Suzanne Baud, marié à Saint-André, en secondes noces, avec Isabeau Accariès, fille de feu Charles, et de Marie Aigoin, de la Rouvière-Raoux.

DÉCÈS :

18 mai 1752. — Marie-Anne Baud, âgée de 3 ans, fille d'Étienne Flavier et de feu *Suzanne Baud*, décédée au présent lieu de Saint-André.

17 mars 1753. — Étienne Baud, âgé de 21 ans, fils de feu Jacques Baud, maître maréchal, et de Suzanne Maffré, décédé à Saint-André.

MARIAGE :

12 février 1760. — De Pierre Mazot, fils de Pierre, maître lanetier, et de Suzanne Teissonnière, du Mas-Courrent, paroisse de Roquedure, avec Anne Baud, fille de feu Jacques, et de Suzanne Maffré.

DÉCÈS :

24 juin 1760. — Marie Baud, fille de feu Jacques Beau, maître maréchal, et de Suzanne Maffré, décédée à l'âge de vingt-sept ans, de Saint-André.

NAISSANCE :

21 novembre 1760. — Pierre Mazot, fils de Pierre Mazot, maître tonnelier, et d'Anne Baud, né à Saint-André.

PARRAIN : Gabriel Mazot, oncle paternel.
MARRAINE : Suzanne Maffré, grand'mère maternelle.

ACTES NOTARIÉS

Du 3 janvier 1666.

Devant Mᵉ Jacques Michel, notaire à Valleraugue.

Transaction entre Jean Airal, cordonnier, et Jean Baud, maréchal à forges, de Valleraugue.

Baud s'était battu avec un nommé Saumade, maréchal à forges, de Lanuéjols ; Airal, ayant voulu les séparer, fut blessé. Ils transigent à 28 livres quittancées.

Du 24 mars 1727.

Devant Mᵉ François Puech, notaire à Saint-André-de-Majencoules.

Testament de Jean Baud, maréchal, de Saint-André.
Il donne :
1° Aux pauvres, 20 sols ;
2° A François Baud, à Louis Baud et à Anne Baud, ses enfants, 5 livres ;
3° A Jean Baud, son fils aîné, 5 sols ;
4° Il institue pour son héritier Jacques Baud, son autre fils.

Du 14 avril 1728.

Devant Mᵒ François Puech, notaire à Saint-André-de-Majencoules.

Quittance par Guillaume Journet à Jacques Baud, fils et héritier de Jean Baud, maréchal, de Saint-André, de la somme de 9 livres, montant d'une obligation.

Du 29 septembre 1732.

Devant M° Joseph-François Puech, notaire à Saint-André-de-Majencoules.

Quittance par Jean Fabre à Jacques Baud, maître maréchal, de Saint-André, de la somme de 60 livres, montant d'une obligation souscrite devant M° Puech, notaire à Nant-la-Rouergue, le 8 mars 1731.

Du 9 août 1736.

Devant M° Joseph-François Puech, notaire à Saint-André-de-Majencoules.

Quittance par Anne Baud, veuve Jean Gervaix, de Notre-Dame-de-la-Rouvière à Jacques Baud, son frère, maître maréchal, de Saint-André, de 130 livres, lui revenant pour ses droits de légitime paternel et maternel.

Du 10 janvier 1739.

Devant M° Lacroix, notaire à Valleraugue.

Quittance de 380 livres, par Jean Caulet, bourgeois de Valleraugue.

A Antoine Baud, de Meyrueis, collecteur de Saint-Sauveur-des-Fourcils.

Du 17 mars 1743.

Devant M° Joseph-François Puech, notaire à Saint-André-de-Majencoules.

Quittance par Alexis Puech, menuisier, de La Rouvière et Jean Amarine, maçon, de Saint-Martial, à Anne Baud, veuve Jean Gervaix, de la Rouvière, de 100 livres pour réparations faites à la maison d'Anne Baud.

Du 13 avril 1743.

Devant M⁰ Joseph-François Puech, notaire à Saint-André-de-Majencoules.

Mariage : entre Antoine Portalès, facturier en laine, fils d'Antoine et de Marie Portalès, de la Rouvière.

Et Anne Baud, fille de feu Jean, maître maréchal, et de Jeanne Berthezène, et veuve de Jean Gervaix, de la Rouvière.

Anne Baud traitant avec l'assistance de son frère Louis Baud, maître maréchal, de la ville de Lassalle.

Constitution en dot par la future de meubles et de 60 livres.

———

Du 1ᵉʳ novembre 1745.

Devant M⁰ Joseph-François Puech, notaire à Saint-André-de-Majencoules.

Mariage entre Étienne Flavié, maître maréchal, fils de feu Étienne Flavié et de Marie Puech, de Valleraugue.

Et Suzanne Baud, fille de feu Jacques Baud, maître maréchal, et de Suzanne Maffré, de Saint-André ; traitant avec le consentement de Louis Baud, son oncle, maître maréchal à Lassalle.

Suzanne Maffré donne à sa fille la moitié de ses biens et le droit de rester dans une chambre de la maison de Jacques Baud, son défunt mari, dont ledit Flavié occupe la boutique.

———

Du 20 janvier 1746.

Devant M⁰ Joseph-François Puech, notaire à Saint-André-de-Majencoules.

Testament de François Baud, fils à feu Jacques, maréchal, de Saint-André,

Lequel allant partir pour le service du Roy, dans le régiment du prince Camille, cavalerie, a fait son testament :

Il donne :

Aux pauvres, 6 livres ;

A sa mère Suzanne Maffré, veuve Baud, 6 livres ;
Il institue comme héritier son frère, Étienne Baud.

Du 28 octobre 1752.

Devant M° Joseph-François Puech, notaire à Saint-André-de-Majencoules.

Testament d'Étienne Baud, fils à feu Jacques, maréchal, habitant à Saint-André.
Il donne :
Aux pauvres, 20 sols ;
A sa mère, Suzanne Maffré, 3 livres ;
Il institue pour son héritier François Baud, son frère.

Du 13 novembre 1752.

Devant M° Joseph-François Puech, notaire à Saint-André-de-Majencoules.

Convention entre Louis Baud, maître maréchal, fils à feu Jean, ancien maître maréchal de Saint-André, de la ville de Lassalle ;
Et Suzanne Maffré, veuve Jacques Baud, héritière de Jean Baud, son frère ;
Et François Baud, son fils, de Saint-André,
Au sujet de la succession de Jean Baud, leur père et grand-père, décédé en 1727, à la survivance de cinq enfants.

Du 17 mars 1753.

Devant M° Joseph-François Puech, notaire à Saint-André-de-Majencoules.

Codicille d'Étienne Baud, fils à feu Jacques.
Il donne :
Aux pauvres, 6 livres ;
Au curé, 6 livres ;

Et il nomme pour son héritier, dans le cas où son frère François viendrait à décéder au service, ses deux sœurs, Anne et Marie.

Du 26 mai 1760.

Devant M⁰ Joseph-François Puech, notaire à Saint-André-de-Majencoules.

Testament de Marie Baud, fille à feu Jacques Baud, maréchal, et de Suzanne Maffré, de Saint-André.
Elle donne :
Aux pauvres, 6 livres ;
A sa mère, Suzanne Maffré, la jouissance de tous ses biens ;
A Suzanne Flavié, sa nièce, une garde-robe et une croix d'or ;
A Jeanne Vassas, de Saint-André, une robe et un jupon ;
A la confrérie du Saint-Sacrement, 6 livres ;
Et comme héritière, Anne Baud, sa sœur.

Du 18 décembre 1761.

Devant M⁰ Joseph-François Puech, notaire à Saint-André-de-Majencoules.

Partage entre :
François Baud, cavalier au régiment de Damas ;
Étienne Flavié, maître maréchal, tuteur de Suzanne Flavié, sa fille, issue de son mariage avec feue Suzanne Baud ;
Anne Baud, femme de Pierre Mazel, du mas Courren, paroisse de Roquedur ;
Lesdits François et Anne, enfants de feu Jacques Baud et de Suzanne Maffré ; qui aurait laissé de plus 4 enfants : Jacques, Étienne, Suzanne et Marie, décédés.

Du 19 février 1762.

Devant M⁰ Joseph-François Puech, notaire à Saint-André-de-Majencoules.

Obligation de 199 livres 19 sols, par Pierre Roussel, menuisier.

A François Baud, brigadier au régiment de Damas et à Marguerite Garillon, sa femme.

———

Du 27 février 1762.

Devant M⁰ Joseph-François Puech, notaire à Saint-André-de-Majencoules.

Bail à ferme par François Baud, brigadier au régiment de Damas,
A Pierre Sarran, travailleur,
De tous ses biens au prix de 28 livres.

———

Du 27 février 1762.

Devant M⁰ Joseph-François Puech, notaire à Saint-André-de-Majencoules.

Testament de François Baud, brigadier au régiment de Damas.
Il donne :
Aux pauvres, 3 livres ;
A sa mère, Suzanne Maffré, 3 livres ;
Il nomme, pour héritière, sa femme Marguerite Garillon.

———

Du 14 août 1763.

Devant M⁰ Joseph-François Puech, notaire à Saint-André-de-Majencoules.

Quittance par François Beaux, maître maréchal, et Marguerite Garillon, mariés :
A Pierre Roussel, menuisier,
De 199 livres 19 sols.

———

Du 6 novembre 1764.

Devant M⁰ Joseph-François Puech, notaire à Saint-André-de-Majencoules.

Bail à ferme, par Étienne Flavié, maître maréchal, à François Baud, son beau-frère, aussi maître maréchal,.
D'une maison pour trois ans, prix 45 livres.

Du 15 mai 1766.

Devant M⁰ Joseph-François Puech, notaire à Saint-André-de-Majencoules.

Obligation par Pierre Carles, époux de Marie Pesquet,
A Anne Biau, sa belle-mère, veuve Jacques Fesquet, d'Ardaillers,
De 365 livres.

Du 19 janvier 1769.

Devant M⁰ Joseph-François Puech, notaire à Saint-André-de-Majencoules.

Vente, par François Baud, maréchal à forge, de Saint-André, et les mariés Pierre Mazot et Anne Baud,
A Pierre Roussel, menuisier,
De pièces de terre ; prix, 600 livres.

Du 21 juillet 1769.

Devant M⁰ Joseph-François Puech, notaire à Saint-André-de-Majencoules.

Vente par les mariés Pierre Mazot et Anne Baud, de Roquedur,
A François Baud, maréchal, de Saint-André,
D'une moitié de maison, au prix de 267 livres 10 sols.

Du 21 juillet 1769.

Devant M⁰ Joseph-François Puech, notaire à Saint-André-de-Majencoules.

Vente par Suzanne Maffré, veuve Jacques Baud, maréchal, de Saint-André,
A Jacques Daudé, cordonnier,
D'une moitié de maison à elle échue de la succession de Jacques Baud, son mari ; prix, 199 livres 13 sols.

Du 8 janvier 1772.

Devant M⁰ Joseph-François Puech, notaire à Saint-André-de-Majencoules.

Quittance de 120 livres,
Par Jacques Carles d'Ardaillers,
A Anne Biau, veuve Jacques Fesquet, d'Ardaillers.

Du 11 janvier 1773.

Devant M⁰ Joseph-François Puech, notaire à Saint-André-de-Majencoules.

Testament d'Anne Biau, veuve Jacques Fesquet, d'Ardaillers.
Elle donne :
Aux pauvres, 5 sols ;
A sa fille Marie Fesquet, épouse Teissonnière, 10 livres ;
Elle institue pour ses héritiers : ses enfants, Jacques et Jeanne Fesquet.

Du 28 août 1773.

Devant Me Noyrigat, notaire à Saint-André-de-Majencoules.

Consentement, par Anne Baud, veuve Pierre Mazot et épouse
Joseph Piberot, du Sigal,
Au mariage de sa fille, Anne Mazot.

Du 12 septembre 1773.

*Devant Me Joseph-François Puech, notaire à Saint-André-de-
Majencoules.*

Obligation de 108 livres,
Par Jean Berthézène, maréchal à forge, du Mazel,
A François Baud, cavalier de la maréchaussée, résidant à
Pézénas.

Du 1er décembre 1786.

Devant Me Noyrigat, notaire à Saint-André-de-Majencoules.

Consentement, par Toinette Biau et Antoine Tassé, mariés, de
Ganges,
Au mariage de leur fils, Louis Tassé, avec Marie Arnal, de
Bez.

Du 5 août 1792.

Devant Me Noyrigat, notaire à Saint-André-de-Majencoules.

Obligation par Marie Abric, veuve Jacques Teissier, du Villa-
ret,
A Marie Biau, épouse André Favre, fabricant de bas, au
Vigan,
De la somme de 300 livres.

NOTES ET DOCUMENTS

DE Mᵉ CABANIS], NOTAIRE A LASALLE

———————

Lasalle, 4 décembre 1889.

CHER MONSIEUR,

Je n'ai rien trouvé sur les registres protestants, concernant votre famille. Cela me prouve que les Baux n'ont jamais embrassé la Réforme, comme l'avaient fait beaucoup d'habitants de notre localité, et n'ont cessé de pratiquer la religion catholique.

Quant aux registres de la Mairie de Lasalle, de 1561 à 1607, ils sont complètement illisibles pour moi. — Je doute du reste qu'il s'y trouve quelque chose de relatif à votre famille.

Il résulte d'une conversation que j'ai eue avec M. votre beau-père que la légende du pays veut que le berceau de votre famille soit : Meyrueis, petite ville de la Lozère, arrondissement de Florac, où vos ancêtres exerçaient la profession de maréchaux à forge, et d'où un membre serait venu s'établir à Lasalle, où il exerça ainsi que ses successeurs la même profession. On dit aussi qu'on retrouverait à Meyrueis la maison dont les Baux sont originaires, maison dans laquelle on voit l'emplacement de l'ancienne forge. M. votre beau-père tenait ces renseignements de M. le docteur Beaux de Sumène qui appartient à une branche de votre famille, et qui les avait pris sur place, à Meyrueis même, dans le temps.

Il résulte des notes extraites à la mairie de Saint-Bonnet que les

2

Baux de Sémièges, commune de Saint-Bonnet, dont le dernier a quitté le pays, et habite Alais, sont parents des Baux de Lasalle.

Je dois vous dire, en finissant, que les régistres que j'ai compulsés en dernier lieu sont fort mal tenus ; que les prénoms de la même personne sont tantôt Isabeau — tantôt Elisabeth — et que, quelquefois, on ne met que le prénom, et on laisse en blanc le nom. Dans la copie que je vous adresse, j'ai laissé les choses et l'orthographe telles quelles.

Agréez, etc.

CABANIS,
Notaire à Lasalle.

CATHOLIQUES.

Il n'a rien été trouvé dans ces Régistres concernant la famille Beaux ; aucune personne de ce nom n'y figure.

Régistre tenu par le Consistoire de Lasalle des baptêmes, mariages et sépultures, écrits suivant l'ordre des jours pendant l'année présente 1670, suivant et conformément à la nouvelle ordonnance du Roy.

Idem pour l'année 1671.

Idem pour l'année 1672.

Le nom de Baux ne se trouve pas inscrit sur les Régistres ci-dessus.

Régistre des baptêmes, mariages et sépultures, tenu par le Consistoire de Lasalle, écrits suivant l'ordre des jours, commencé l'année présente mil-six-cent-soixante-treize, suivant et conformément à la nouvelle ordonnance du Roy :

Le nom de Baux ne figure pas non plus une seule fois sur le régistre ci-dessus.

Extrait des Régistres de l'Etat Civil Catholique de 1676 à 1691.

L'an 1690 et le septième jour du mois de Février a été solennellement consacré le mariage de Etienne Baux, cardeur de laine, fils de Jean Baux et de Marguerite Durand d'une part, et de Jeanne Pélegrine, fille de Jean Pélegrin, tailleur d'habits, et de Jeanne Caissergue d'autre part, après avoir fait trois publications pendant trois dimanches consécutifs sans qu'il y ait eu aucune opposition après les bans. Cornillon prêtre curé, Masson, Soubeiran, Viala, signés.

Il n'a été trouvé concernant le nom de Baux dans le volume ou régistre dont il vient d'être parlé que le mariage ci-dessus transcrit. Ce régistre contient un très grand nombre d'abjurations de réformés pour entrer dans le giron de l'Eglise, surtout en l'année 1685.

Extrait des Régistres déposés à la Mairie de Lasalle de 1697 à 1703.

CATHOLIQUES.

L'an 1698, le dix huitième Avril, ont reçu la bénédiction nuptiale Etienne Beaux et Elisabeth Sabonière après la publication des bancs par trois dimanches consécutifs, ne nous ayant paru aucune opposition canonique. Présents les soussignés : Pouget, Gaches, Thomas et Bernard, signés.

L'an 1699 et le premier Février, a été baptisé Etienne Beaux fils à autre et d'Isabeau Sabonière, naquit le vingt sixième Janvier dernier. Son parrain a été Pierre Conte, sa marraine, (le nom a été couvert par une grande tache d'encre). Présents les soussignés avec moi, J. Pouget, Thomas, Guilhet curé, Dorian, signés.

L'an 1701 et le dix-neuvième jour du mois de Janvier a été inhumé dans le cimetière de cette paroisse Etienne, fils d'autre Etienne Beaux et de Isabeau Sabonnadière, habitants de cette paroisse, décédé ce jourd'hui. Présents les soussignés avec moi, Bedos prêtre, Alibert, Viala, signés.

L'an 1701 et le dixième jour du mois d'Août a été baptisé Antoine Beaux, fils d'Etienne et de Elisabeth... (un blanc)... — sans doute : Sabonière, — né le huitième ; son parrain a été Antoine Dumas, muletier, la marraine Espérance Mourrier, fille de Pierre Mourrier, travailleur. Présents les soussignés avec moi, Bedos prêtre, Massabiau, signés.

Extrait des Régistres de Saint-Bonnet.

L'an 1782, et le 12 du mois de février, après trois publications faites à la messe paroissiale de St. Hippolyte, au diocèse d'Alais, pendant 3 dimanches ou fêtes, consécutifs, savoir le 2, le 3 et le 10 du courant, sans aucune opposition, comme il nous est apparu par le certificat signé Delord, curé, les trois publications ayant été faites en trois jours à la messe paroissiale de St-Bonnet, et les parties contractantes ayant obtenu de l'ordinance la dispense de parenté qui se trouve entre elles : Jean Baptiste Beaux, fils légitime d'autre, Maréchal ferrant, habitant de la place de Ville, et de Marie Baïlle, a épousé selon les vœux de l'église, en présence de nous soussignés, et des témoins ci-après nommés : Jeanne Baïlle fille légitime de Jean Baïlle travailleur de terre et de Marie Voisin, demeurant actuellement à la paroisse de Vabres, diocèse d'Alais, les témoins ont été Jean Baptiste Beaux, père de l'époux, Jacques Beaux Maréchal ferrant, habitants de la ville de St. Hippolyte, Jean Beaux Maréchal ferrant du lieu de Lasalle, diocèse d'Alais, ses oncles paternels, sieur Joseph Aubanel ménager, habitant de St-Bonnet, signés avec nous et les nouveaux mariés.

L'an 1785, le 20 novembre a été baptisée Anne, née le jour d'hier, fille légitime de Jean Baptiste Beaux, et de Jeanne Baïlle, le parrain Joseph Aubanel, la marraine Anne Voisin sa tante maternelle.

L'an 1787, le 17 du mois de janvier, a été baptisé Jean Baptiste, né le jour d'hier, fils légitime de Jean Baptiste Beaux ménager, et de Jeanne Baïlle ; le parrain a été Jean Baïlle, son oncle maternel, la marraine Marianne Valat de la ville de St. Hippolyte. Le père et le sieur Joseph Aubanel signés avec nous, le parrain et la marraine ont dit ne savoir signer, de ce requis.

L'an 1788, et le 27 du mois de mars, a été baptisé Joseph, né le jour d'hier, fils légitime de Jean Baptiste Beaux, ménager, et de Jeanne Baïlle, habitants de cette paroisse ; le parrain a été Joseph Aubanel, la marraine Anne Voisin, son arrière grand-tante, le père de l'enfant et le parrain signés avec nous, la marraine a dit ne savoir signer, de ce requis.

L'an 1788 et le 4 août, a été inhumé dans le cimetière de cette paroisse, Joseph, âgé d'environ cinq mois, fils légitime de sieur Jean Baptiste Beaux, ménager, et de Jeanne Baïlle, présents Jean Baptiste Beaux et sieurs Joseph Aubanel, signés avec nous.

L'an 1789, le 18 avril, a été inhumé dans le cimetière de cette paroisse Marianne Baïlle, fille de Jean Baïlle travailleur de terre, fille de Marie Voisin, femme de Jean Bissière fermier du domaine de Boissières situé dans cette paroisse, sieur Joseph Aubanel et Jean Baptiste Beaux signés avec nous.

L'an 1789 et le septième du mois de juin a été baptisé François, fils légitime et naturel de sieur Jean Baptiste Beaux, ménager, et de Jeanne Baille, mariés, né le même jour, le parrain sieur Joseph Aubanel, la marraine, Anne Voisin sa grand-tante, le parrain et le père de l'enfant signés avec nous, la marraine a dit ne savoir signer.

L'an 1791 le 22 mai à été inhumé dans le cimetière de cette paroisse Jean Baptiste Beaux, du mas de Sémièges, ménager, âgé d'environ 32 ans, présent Joseph Aubanel.

Le 9 messidor, an 12ᵉ de la République, à été béni le mariage de Louis Beaux, maréchal à forge, fils légitime de feu autre Louis Beaux, aussi maréchal à forge, et de Angélique Moinier, habitant de la Commune de Lasalle, et Citoyenne Anne Beaux, fille légitime de Jeanne Baille, habitant de Sémièges. Lesquelles parties ont dit contracter mariage devant Viala notaire.

Du quel il résulte que Louis Beaux, a traité du consentement de la dite Moinier sa mère, et la Dite Anne Beaux, du consentement de la dite Baille sa mère, et encore de celui d'Anne Voisin sa grand-tante, veuve de Joseph Aubanel.

Le tout fait et lu aux époux, en présence des citoyens Pierre, et autre Pierre Sujol père et fils, agriculteurs, et Edouard Vernet, propriétaire foncier.

Saint-Bonnet, le 20 Novembre 1889.

NOTES ET RENSEIGNEMENTS

PUISÉS DANS LES MINUTES DE Mᶜ CABANIS,

NOTAIRE AUDIT LASALLE

.Anciennement, et à peu près jusqu'au commencement de 1800 les ancêtres de M. Beaux portaient le nom de *Baux;* c'était ainsi que leur nom était orthographié. Il y a environ 90 ans que leur nom s'est écrit *Beaux* dans tous les actes des notaires faisant partie de l'étude de Mᵉ Cabanis.

6 janvier 1690. — Contrat de mariage d'Étienne Baux, tisserant de cadis, fils de feu Jean Baux et de Marguerite Durand, natif de Blajeux, paroisse de Quesac, diocèse de Mende, demeurant à Lasalle,

— et de Jeanne Pélerin, fille de feu Jean Pélerin et de Jeanne Caizergue de Lasalle,

l'époux, libre et majeur,

l'épouse, du consentement de la mère, et de son frère Jean, présents.

Témoins : Pierre Baux de Colognac, oncle de l'époux, Charles Massot, Paul Blachère, Pierre Rocher, Jean Martin, de Rieumal, Pierre Sujol, de Prades.

6 octobre 1724. — Contrat de mariage d'Antoine Baux, fils de feux David Baux et d'Isabeau Sabonnadière de Lasalle, avec Marguerite Malon, fille de feux Jean Malon et de Poustalière, également de Lasalle.

Présents : Claude Gauffres et Jean Blanc.

N. B. David Baux et Isabeau Sabonnadière sont les mêmes dénommés précédemment Étienne Baux et Élisabeth Sabonière.

27 octobre 1726. — Contrat de mariage de Louis Baux, maréchal, natif de S. André de Majencoules, habitant de Lasalle, fils légitime de Jean Baux et de feue Jeanne Berthézène, traitant du consentement de Jacques Baux, son frère, du dit lieu de

St-André, ici présent, procureur du dit Jean Baux, leur père, ainsi qu'il paraît de l'acte de procuration reçu par Mᵉ Puech, notaire du dit lieu de St-André, le 25 de ce mois, contrôlé le même jour au bureau de Valleraugue,

— et de Constance Voisin, fille de Antoine Voisin et de Jeanne Gros, de St-Bonnet, traitant du consentement de ses père et mère ici présents.

N. B. Dans sa dot figure une donation de Jeanne Tardres qui avait eu pour légataire universel de ses biens le dit Voisin, père, fermier à St-Bonnet.

Présents : Louis Sarrazin, prêtre et prieur de S. Bonnet, Barthélemy Delis, de St-Bonnet, Bellon, Bourguet, Aubanel et Bouzanquet, notaire.

25 mars 1733. — Suivant acte reçu par Mᵉ Louis Bouzanquet, avocat au Parlement et notaire à Lasalle, le 25 mars 1733, ledit M. Louis Beaux acquit de Claude Sujol, facturier de laine de Lasalle, une pièce de terre vigne située dans la paroisse de Lasalle, au quartier du Causse Nègre, au prix de 470 livres.

4 août 1733. — Et par acte reçu par ledit Mᵉ Bouzanquet le 4 août 1733, le dit Louis Beaux *déclara et reconnut qu'il tenait de noble Etienne de Manoël de la Blaquière et de sa directe seigneurie, lods, prélation et autres avantages attachés à la directe* par indivis avec le chapelain de la chapelle d'Alayrac, une pièce de terre vigne, située dans la paroisse de Lasalle, acquise par le reconnaissant, de Claude Sujol, par contrat passé devant le dit Mᵉ Bouzanquet, le 25 mars 1733, demeurant réservé au dit Sieur de la Blaquière les arrérages de la censive aussi bien que la liberté de se faire payer la dite censive en bloc à tels des contenanciers que bon lui semblera, baillant l'investiture de la dite pièce au dit Beaux, duquel il reçut la somme de 23 livres 10 sols.

2 septembre 1739. — Suivant acte reçu par le dit Mᵉ Bouzanquet, notaire à Lasalle, le 2 septembre 1739, M. Pierre de Piolenc, demeurant à Lasalle, bailla à titre de ferme à M.ˊ Louis Beaux, maréchal du dit Lasalle, pour sept années, la pièce de terre que le dit M. de Piolenc possédait derrière sa maison au dit Lasalle, en nature de champs, jardin et pré, et allait aboutir depuis sa maison jusqu'à la rivière.

9 janvier 1743. — Suivant un acte reçu par le dit Bouzanquet, notaire, le 9 janvier 1742, le Sieur Pierre Salles, demeurant au Campel, commune de Sainte-Croix de Caderles vendit à Louis

Beaux une petite maison comprenant boutique qui était occupée par le dit Beaux, et une écurie, moyennant une rente annuelle et perpétuelle de 40 livres.

15 février et 23 avril 1746. — Suivant acte reçu par le dit Bouzanquet, le 5 avril 1746, Jean Tournon, du hameau de Calviac, a donné à locatairie perpétuelle à Jean Baptiste Voisin et à Louis Beaux, maréchal à Lasalle, tous les deux acceptant solidairement, une maison avec jardin au quartier de la Gravière, moyennant une rente annuelle et perpétuelle de 30 livres.

Et le même jour, devant le même notaire, le dit Jean Baptiste Voisin, et Louis Beaux consentirent solidairement, une obligation au profit du dit Tournon de la somme de 198 livres, dont ils lui firent le remboursement par acte passé devant le même notaire, le 23 avril 1746.

22 février 1747. — Suivant acte passé devant ledit Me Bouzanquet, le 22 février 1747, le dit Louis Beaux et le Sieur Jean Campredon de Lasalle transigèrent sur une contestation qu'ils avaient eue au sujet de la propriété de l'eau d'une source se trouvant à l'un des bords de l'ancien chemin de Lasalle à Sainte Croix de Caderles, au-dessous d'une pièce vigne appartenant à Campredon, située au terroir du Causse Nègre, dans la paroisse de Lasalle, vis-à-vis d'une pièce vigne et jardin appartenant au dit Beaux, située de l'autre bord du chemin. Campredon se désista en faveur de Beaux de tous droits sur l'eau de la susdite source, et consentit que le dit Beaux en jouit en entier.

18 mars 1750. — Partage entre Louis Baux, maître maréchal, et Jean Baptiste Voisin, voiturier, de la locatairie de Jean Tournon, faisant l'objet de l'acte du 15 février 1746.

28 juillet 1753. — Mariage de Louis Baux et de Jeanne Castan. Présents : Son père Louis, et sa mère Constance Voisin. — Il est question de Baptiste Beaux (Jean Baptiste) fils aîné.

15 août 1758. — Contrat de mariage de Jean Beaux et de Louise Grousset.

22 novembre 1761. — Quittance de Rodier en faveur de Jean Baptiste Beaux de St-Hippolyte, fils aîné de Louis Beaux de Lasalle, absent, et représenté par son père.

15 octobre 1769 et 24 mars 1780. — M. Jean Beaux avait acquis de M. Jean Baptiste Beaux, son frère, Maréchal à forge à Saint-Hippolyte, suivant acte reçu par le dit Me Louis Gaches, notaire, le 15 octobre 1769, une pièce de terre vigne située au quartier du Causse Nègre au prix de 1,000 livres dont une partie du prix fut quittancée au dit acte, et dont le restant, soit la somme de 200 livres, fut quittancé au dit Beaux, suivant acte reçu par le dit M⁰ Gaches, le 24 mars 1780.

15 octobre 1773. — Naissance de Pierre, fils de Jean Beaux et de Louise Grousset.

* *12 décembre 1774*. — Suivant acte reçu par M⁰ Gaches, notaire, le 12 décembre 1774, il intervint une transaction entre Jean Beaux et Théodore Bouvier, concernant la pièce de terre que le dit Beaux possédait au quartier du Causse Nègre près du chemin de Lasalle à Sainte-Croix de Caderles, à l'occasion d'un procès intenté par le dit Beaux au dit Bouvier qui l'avait troublé dans la jouissance d'une source et d'un réservoir que le dit Beaux avait dans sa pièce, et dont le dit Bouvier attirait l'eau dans sa pièce voisine.

23 juin 1779. — Suivant acte reçu par le dit M⁰ Bouzanquet, notaire, le 23 juin 1779, la Dame Marie Voisin, épouse de Antoine Arcaïs, vendit à Louis Beaux un courtil et une écurie dépendants de la maison que la dite Dame possédait à Lasalle, moyennant 199 livres 10 sols, quittancés au dit acte par la dite Dame Arcaïs.

26 avril 1780. — Suivante acte reçu par le dit M⁰ Gaches, le 26 avril 1780, il y eut entre le dit Jean Beaux et le Sieur Jean Durand représentant Jean Salles, dont il était acquéreur, une transation relative à l'augmentation de la pension foncière de 40 livres formant le prix de la vente de la pièce de la terre baillée à locatairie perpétuelle par le dit Salles au dit Louis Beaux, dans l'acte de vente du 9 janvier 1743, devant M⁰ Bouzanquet, notaire.

* *22 janvier et 31 décembre 1785*. — Suivant un acte reçu par M⁰ Gaches, notaire à Lasalle, le 22 janvier 1785, Jean Beaux acquit d'Antoine Pons une pièce de terre appelée Coste de l'Euze, ou Nibles, au quartier de Landrigon, en nature de chatanet, vigne, mûriers et peu de pré avec un petit bâtiment rural, au prix de 1,900 livres, dont une partie fut quittancée au dit acte, et dont le restant fut quittancé au dit Jean Beaux, suivant acte reçu par le dit Gaches, notaire, le 31 décembre 1785.

18 octobre 1785. — M. Jean Beaux se maria avec la Demoiselle Marie Madeleine Banal de la commune de Saint Bauzile du Putois, Canton de Ganges, et dans son contrat de mariage reçu par M⁰ Gay, notaire à Ganges, le 18 octobre 1785, la future épouse se constitua la somme de 1000 livres qui lui avait été léguée par le Sieur Jean Banal, son père, pour lui tenir lieu de sa légitime paternelle, dans son testament reçu par le dit Mᵉ Gay, notaire, le 12 février 1773.

20 octobre 1791. — Inventaire des meubles, etc. de feu Jean Beaux époux de Louis Grousset, par devant son frère Jacques, de S. Hippolyte, sa veuve Louise Grousset, et ses quatre enfants, Jean, François, Pierre, et Louise Élisabeth.

11 janvier 1792. — Suivant acte reçu par Mᵉ Isaac Cabanis, notaire, le 11 janvier 1792, le dit Jean Beaux se racheta de la rente foncière de 41 livres 10 sols qu'il devait aux Sieurs Jean Durand père et fils, à raison de la maison et autres biens fonds que le Sieur Pierre Salles du Campel avait baillés à titre de locatairie perpétuelle à Louis Beaux, suivant contrat reçu par Mᵉ Bouzanquet, notaire, le 9 janvier 1743.

7 mars 1792. — Le Sieur François Beaux, demeurant à Lasalle fit son testament devant Mᵉ Isaac Cabanis, notaire, le 7 mars 1792, par lequel il légua à Louise Grousset, sa mère, veuve de Jean Beaux, la jouissance de ses biens, et institua pour son héritier universel Jean Beaux, son frère.

24 juillet 1794 (24 messidor an II). — Suivant un acte du 24 messidor an II de la République, reçu par Mᵉ Pellet, notaire, le dit Mᵉ Jean Beaux procéda avec le Sieur Jean Bruguier, de Lasalle, au partage du *ci-devant* château inférieur de Saint-Bonnet, ayant appartenu à *l'émigré Vissec* (de la famille des Marquis de Ganges), château qu'ils avaient acquis au prix de 21,000 francs devant l'administration du district de Saint-Hippolyte.

24 messidor An II. — Partage entre Jean Beaux et Jean Bruguier, de Lasalle, du Château inferieur de S-Bonnet.

9 nivose An III. — Vente par Jean Beaux et Jean Bruguier, à Jacques Viala, tous de Lasalle, du Château ci-dessus.

28 pluviose An III. — Quittance par Jean Bruguier à Jacques Viala.

11 nivose An V de la République. — Contrat de mariage de Pierre Beaux, fils de feu Jean Beaux et de Louise Grousset, né le 15 octobre 1773, tailleur d'habits,

— et de Jeanne Bruguier, fille de Jacques Bruguier et de Jeanne Delranc, née le 19 novembre 1773.

Témoins : François Dumas, ancien marchand, Jean Vièles, faiseur de bas, François Alméras, tailleur, Jean Toureille, cultivateur, tous de Lasalle.

25 germinal An V. — Déclaration de mariage de Pierre
Baux et de Jeanne Brugier.

19 brumaire An VI. — Contrat de mariage de François
Ravès, fils de Michel, maçon, et de feue Jeanne Voisin, de
Monoblet, avec Louise Élisabeth Beaux, fille de feu Jean, et de
Louise Grousset, de Lasalle. Présents : Jean Beaux, frère aîné
de l'épouse ; Jean Grousset son oncle ; Simon Tardres, tailleur,
son oncle ; Pierre Beaux, tailleur, son oncle ; et Louise Grousset
sa mère.

1798 (An VI). — La Demoiselle Louise Elisabeth Beaux se
maria avec François Ravès, maçon, de la commune de Monoblet,
et dans son contrat de mariage reçu par Mᵉ Isaac Cabanis,
notaire, l'an VI de la République, la Demoiselle Beaux, future
épouse, se constitua en dot la somme de 1,500 francs qui lui
était dûe par le Sieur Jean Beaux, son frère, à laquelle somme
ils avaient amiablement réglé et fixé le montant des droits légitimaires paternels et maternels de ladite Demoiselle Beaux,
fiancée, et sa portion en la succession à François Beaux, leur
frère, décédé à l'armée d'Italie, il y avait environ 3 ans.

 * *26 mars 1805 (26 ventose An XIII).* — M. Jean Beaux
avait acquis la maison de la Croix et dépendances avec le jardin
et pièce de terre au derrière, de M. Pierre Donnadieu, ancien capitaine d'infanterie, au prix de 11,000 francs, suivant acte reçu par
Mᵉ Pellet, notaire, le 26 ventôse an XIII. Cet acte donne à
M. Beaux le droit d'avoir un ponceau sur le canal qui conduit
les eaux de la rivière au moulin de Roque ou de Cornély, pour
communiquer de son jardin à ladite rivière.

15 octobre 1807 et 21 janvier 1808. — M. Jean Beaux,
suivant acte reçu par Mᵉ Pellet, notaire à Lasalle, le 15 octobre
1807, acheta de Jean Roque, de Lasalle, le moulin appelé Moulin de Cornély ou de Roque, ainsi que la prairie, jardin, mûriers
et fruitiers en dépendant, au prix qui serait fixé par Monsieur
Guion, arpenteur que les parties nommèrent pour arbitre et
expert. Le dit Jean Beaux fit cette acquisition pour le compte de
M. Louis des Hours de Calviac, auquel il en passa vente devant
le dit Mᵉ Pellet, notaire, le 21 janvier 1808, au prix de
24,600 francs.

 * *19 novembre 1808 et 30 novembre 1811.* — Suivant acte
reçu par Mᵉ Pellet, notaire, le 10 novembre 1808, Monsieur
Jean Beaux acquit de M. Marc Antoine Durand, de Lasalle, la
maison servant d'auberge à l'enseigne de la Coupe d'Or, le

grenier à foin, la terre au derrière, en nature de souche de vigne, mûriers et fruitiers, au prix de 11,000 francs qui furent payés par le dit Beaux, acquéreur, suivant quittance reçue par le dit Mᵉ Pellet, notaire, le 30 novembre 1811.

13 avril 1811. — M. Jean Beaux se maria avec la demoiselle Marie-Madeleine Grégoire, de la commune de Valflaunès, Canton de Claret, et dans son contrat de mariage reçu par Mᵉ Despuech, notaire à Saint-Hippolyte, et déposé dans les minutes de Mᵉ Pellet, notaire à Lasalle, le 13 avril 1811, M. Grégoire, père, fit donation à sa fille de la somme de 9,500 francs, et la future épouse se constitua de son chef la somme de 500 francs provenant de Jeanne Pepin, sa mère. M. Jean Beaux, père du futur époux, fit donation à ce dernier du quart par préciput et hors part de tous ses biens présents et à venir, et lui donna la jouissance d'un logement dans la maison qu'il avait achetée de M. Donnadieu.

Dans le même acte il fut stipulé une Société entre MM. Beaux, père et fils, pour la profession de maréchal à forge, à moitié profits et pertes.

27 juillet 1811. — Suivant un autre acte reçu par Mᵉ Pellet, notaire, le 27 juillet 1811, le dit Jean Beaux acheta de M. Joseph Marie Charpentier, de Lasalle, la pièce de terre vigne, située au quartier de Batailloles ou de Fabreguettes, commune de Lasalle, au prix de 300 francs.

29 septembre 1811. — Et suivant une transaction reçue par Mᵉ Pellet, notaire à Lasalle, le 29 septembre 1811, le sieur Jean François Banal, frère de la dite Marie Madeleine Banal, reconnut devoir à cette dernière à titre de supplément de légitime, la somme de 200 francs que le dit Banal promit de compter à sa sœur dans 4 ans, avec intérêt, et les dits Jean Beaux et Marie Madeleine Banal, mariés renoncèrent à lui faire aucune réclamation au sujet de la succession paternelle et maternelle.

18 juillet 1821. — Le dit Jean Beaux, fils aîné, demeure autorisé à exiger le paiement de la somme de 3,000 francs due à l'héritier du père commun par le sieur Jean Louis Aliger, maçon, de Lasalle, pour pareille qu'il reçut du dit Beaux, père, dans son contrat de mariage avec Rosalie Beaux, passé devant Mᵉ Pellet, notaire, le 13 juillet 1821, et qui revint au dit Beaux, père, donateur, par le prédécès de la dite Rosalie Beaux, sa fille, sans postérité. Six enfants étaient issus du mariage de Jean Beaux avec Madeleine Banal.

16 novembre 1822-13 avril 1826 et 9 octobre 1833. — M. Jean Beaux, père, décéda à Lasalle le 13 avril 1826 après avoir fait son testament devant Mᵉ Cabanis, notaire du dit Lasalle, le 16 novembre 1822, et dans ce testament il fait le partage de la pré-succession de ses biens entre ses enfants : il légua à M. Jean Beaux et à M. Jean Auguste Beaux ses enfants premiers nés, ses entiers biens immeubles à la charge par eux de payer à ses autres enfants, lorsqu'ils auraient atteint leur majorité, ou plus tôt, lorsqu'ils se marieraient, et à chacun d'eux, la somme de 4000 francs pour leurs droits paternels. Il légua à la dame Madeleine Banal, son épouse, la pension viagère de 300 francs. Cette dernière décéda à Lasalle le 9 octobre 1833.

6 février 1827. — Suivant acte reçu par Mᵉ Cabanis, notaire, le 6 février 1827, il fut procédé au partage de la succession du dit Jean Beaux, père, entre ses enfants : Jean Beaux, fils aîné, Jean Auguste Beaux, Louis Beaux, Jules Beaux et Marie Adélaïde Beaux, épouse d'Étienne Galderic Calvet, propriétaire, domicilié à Sauve.

Dans cet acte, pour remplir Jean Beaux, fils aîné, de ses droits tant préciputaires qu'héréditaires, il lui fut attribué : 1° l'entière maison acquise de M. Donnadieu, la cour, l'enclos et le jardin au derrière, et 2° la pièce de terre vigne appelée la Bousquette au quartier du Causse Nègre, à la charge par lui de payer à la Dame Calvet, sa sœur, la somme de 4000 francs qui lui avait été léguée par son père.

21 octobre 1828. — Cette somme fut payée au dit Calvet par Jean Beaux, son beau frère, suivant acte reçu par le dit Mᵉ Cabanis, notaire, le 21 octobre 1828.

Pour remplir le dit Jean Auguste Beaux de ses droits dans la succession paternelle, il lui fut attribué : 1° la maison acquise de Durand, servant d'auberge, à l'enseigne de la Coupe d'Or, la cour au derrière,

2° La terre en mûriers, fruitiers et vigne au derrière,

et 3° la pièce de terre jardin, vigne, fruitiers et mûriers située au quartier de Causse Nègre.

A la charge par ledit Jean Auguste Beaux de payer aux dits Louis et Jules Beaux, ses frères, et à chacun d'eux, la somme de 4000 francs qui leur avait été léguée.

Chacun des enfants devait contribuer dans la proportion de

droit au paiement des reprises de la Dame Madeleine Banal, leur mère, et à celui de la pension viagère de 300 francs, léguée par son mari.

18 mars 1832. — Suivant acte reçu par Me Cabanis, notaire, le 18 mars 1832, M. Jean Auguste Beaux vendit à Jean Granier et à Jeanne Blanquet, sa femme, de Lasalle, la pièce de terre vigne et mûriers, en partie arrosable, située au quartier du Causse Nègre, qui lui était parvenue dans le partage de la succession de feu Jean Beaux, son père, moyennant le prix de 2,500 francs, à compte de laquelle somme le sieur Jules Beaux demeurant et domicilié à la commune de Cézas, canton de Sumène, frère du dit Jean Auguste Beaux et son créancier hypothécaire, reconnut avoir reçu des mariés Granier la somme de 1600 francs ; à l'égard des 900 francs restants, les dits mariés Granier s'obligèrent de les payer avec l'intérêt, dans un an lors prochain, au dit Jules Beaux. Dans le même acte le dit Jules Beaux reconnut avoir reçu du dit Jean Auguste Beaux, son frère, la somme de 487.50 c.

9 octobre 1833. — La Dame Marie-Madeleine Banal, veuve de M. Jean Beaux, décéda à Lasalle le 9 octobre 1833.

Du mariage de M. Jean Beaux avec la Demoiselle Madeleine Grégoire sont issus trois enfants : M. Fulcrand Beaux, Monsieur Ferdinand Beaux, qui s'établit à Sumène, et Madame Madeleine Beaux.

8 janvier 1834. — Cette dernière s'est mariée avec Monsieur François Valdeiron, de Saint-Hippolyte, et dans son contrat de mariage reçu par Me Paul Charles Cabanis, notaire à Lasalle, le 8 janvier 1834, M. Jean Beaux et Madame Madeleine Grégoire firent donation à leur fille du tiers de tous leurs biens mobiliers et immobiliers présents et à venir, pour ne prendre possession et jouissance de ce tiers qu'au décès des donateurs, qui renoncèrent à faire aucune disposition préciputaire au préjudice de la dite donataire, et à compte de cette même donation quant aux biens présents, les dits Beaux et Grégoire mariés, firent donation en avancement d'hoirie à leur dite fille de la somme de 5000 francs du chef paternel et maternel ; laquelle dite somme M. Valdeiron déclara avoir reçue de M. Jean Beaux, son futur beau-père, payant tant pour lui qu'à l'acquit de la Dame Beaux, son épouse, et en diminution des constitutions et reprises matrimoniales de cette dernière, qui étaient de la somme de 10,000, et le dit M. Valdeiron fit reconnaissance de la dite somme de 5000 sur tous les biens présents et à venir en faveur de la future épouse.

17 septembre 1848 et 9 avril 1871. — Madame Madeleine Grégoire, femme Beaux, mourut le 17 septembre 1848, et Monsieur Jean Beaux, son mari, mourut le 9 avril 1871.

N. B. *Ceux des actes ci-dessus qui sont précédés d'une astérisque (*) se trouvent en ma possession.*

DOCUMENTS

POUR SERVIR A LA

GÉNÉALOGIE DE LA FAMILLE BEAUX

PUISÉS DANS LES ARCHIVES PAROISSIALES DE LASALLE

PAR M. DAYRE, CURÉ-DOYEN

Baptême de Jean Baux 1706. — L'an 1706 et le 1er novembre, a été baptisé Jean Baux, né le 29 octobre, fils légitime d'Étienne Baux et d'Élisabeth Sabournadière, mariés, habitant le dit lieu. Son parrain Jean Debranc, tonnelier. Sa marraine Jeanne Fourestier. — Massabiau prêtre.

Sépulture de Jeanne Baux 1709. — Jeanne, fille à Étienne Baux et à Isabeau (*ici espace vide*), âgée d'environ 2 ans, décédée le onze, après minuit, a été inhumée le même jour, onzième avril 1709, par nous soussigné (*signature illisible*).

Mariage d'Antoine Baux 1724. — L'an 1724 et le 6 novembre, après la publication des bans, canoniquement faite dans cette Église, sans opposition ni empêchement, nous, prêtre soussigné, avons solennellement conjoint en mariage Antoine Baux, fils de feu autre, et de Isabeau Sabournière, d'une part, et Marguerite Malon, fille de feu Jean Malon et de Jeanne Pourtalier, du présent lieu. Présents Louis Amat, illettré, et les soussignés, avec nous : Frouzès, prêtre, Crispin, Béchard.

Mariage de Jean Beaufet et de Marie Baux 1725. — L'an 1725 et le 18 août, après la publication des bans, canoniquement faite dans la présente Église, sans opposition ni empêchement, nous, prêtre soussigné, avons solennellement conjoint en mariage Jean Beaufet, fils légitime de Guillaume Beaufet et de Magdeleine Lacombe d'une part, et Marie Beaux, fille légitime

3

de feu Jean Beau et de Marguerite... (1) aussi du présent lieu,
d'autre part. Présents Guillaume Beau et Guillaume Beaufet
illettrés, avec Pierre Fourestier et Jean Rogé soussignés :
Frouzès, prêtre, Jean Rogé, Fourestier (2).

Baptême de Jeanne Beaux 1728. — L'an 1728 et le 25 janvier, Jeanne, fille légitime d'Antoine Baux et de Marguerite
Malon, mariés, habitants de ce lieu, a été baptisée par moi, prêtre soussigné. Son parrain a été Louis Amat. Sa marraine Jeanne
Privat, Frouzès prêtre, Alibert.

Baptême de Marguerite Baux 1729. — L'an 1729 et le
4 décembre, Marguerite, fille légitime d'Antoine Baux, maçon,
et de Marguerite Malon, mariés, habitant de ce lieu, a été baptisée. Son parrain a été Louis Amat. Sa marraine Marguerite
Espase. Frouzès, prêtre.

Baptême de Louis Baux 1730. — L'an 1730 et le 15 janvier,
Louis, fils légitime de Louis Beaux et de Constance Vezin, habitants de ce lieu, a été baptisé. Son parrain a été Antoine Vezin,
sa marraine Marie Ducros. Présents les soussignés : Sabatier,
Ratier, Frouzès, prêtre.

Baptême de Jacques Baux 1731. — L'an 1731 et le 18 novembre, nous avons baptisé Jacques Baux, fils légitime de Louis
Baux et de Constance Voisin. Son parrain a été Jacques Baux,
et sa marraine Jeanne Voisin. Présents les soussignés : Laroque,
prêtre. Blanchier, prêtre, Augustino di Montecampo.

(1) Sans doute Durand.

(2) Cet acte qui, dans le principe, m'avait échappé, démontre que
nous sommes encore loin de la souche des Baux. Ce Guillaume Beau
qui est désigné comme témoin, peut être, et est probablement, un frère
de Jean Beau, père de la mariée. Or, il n'est à présumer que deux frères
soient descendus en même temps de Meyrueis. Ils ont dû avoir un père
habitant le *présent lieu.* En supposant que Jeanne Beau, la mariée, soit
âgé de 20 ans au moment de son mariage, son père Jean serait né vers
1680, et si ce Jean est frère de Guillaume Beau, signé au mariage, le
père de ce Jean et de ce Guillaume serait né à son tour vers 1650.

Ce sont là de simples suppositions, mais elles peuvent devenir des
réalités au premier jour. C'est vous dire que je continuerai mes recherches dans d'autres documents que les actes de l'État civil qui nous font
défaut. Ne vous hâtez donc pas de terminer votre travail avant que j'aie
épuisé les pièces d'informations.

La Salle, 13 *juin* 1889.

DAYRE, *curé-doyen.*

Baptême de Jean Baux 1733. — L'an 1733 et le 29 novembre, a été baptisé Jean, né hier matin, fils légitime de Louis Baux, maître maréchal, et de Constance Vesin, habitants le présent lieu de Lasalle. Son parrain a été Jean Vesin, son oncle maternel, de la paroisse de Saint Bonnet, sa marraine Anne Baux, sa tante paternelle, du lieu de Saint André de Majencoules, diocèse d'Alais. Présents : Vital, Jubilin et Jean Alibert signés avec nous : Vesin, Jubilin, Alibert, Gaillère, prêtre.

Sépulture de François Baux 1734. — L'an 1734 et le 5 décembre, François, fils légitime de feu Jean Baux, maître maréchal, et de Jeanne Berthézène, natif du lieu de Saint André de Majencoules, habitant le présent lieu de Lasalle, décédé hier après avoir reçu les Sacrements de l'Église, a été inhumé par nous, prêtre, curé de la paroisse, en présence de Pierre Delranc et de Jean Forestier soussignés : Delranc, Fourestier, Blanchier, prêtre.

Baptême de Susanne Baux 1736. — L'an 1736, nous avons baptisé Suzanne, fille de Louis Baux, maître maréchal ferrant, et de Constance Vesin. Son parrain a été Antoine Vesin, son oncle maternel. Sa marraine, Suzanne Mafrès, femme de Jacques Baux, de Saint André de Majencoules, et le dit Jacques Baux, qui n'a su signer, non plus que le parrain et la marraine. Jubilin, Gaillère, prêtre.

Baptême de François Baux 1738. — L'an 1738 et le 16 novembre, nous avons baptisé François, fils légitime de Louis Baux et de Constance Vesin. Son parrain a été Baptiste Baux, son oncle paternel, et sa marraine Anne Vesin, sa tante maternelle. Présents : le père, illettré, le parrain et Pierre Delranc signés avec nous : Beaux, Vesin, Delranc, Solice, prêtre.

Sépulture de Jacques Beaux 1739. — L'an 1739, et le 18 octobre, nous avons inhumé Jacques Baux, fils d'autre, maréchal ferrant de Saint André de Majencoules, et de Suzanne Mafrès, décédé hier âgé de 12 mois. Présents les soussignés : Delranc, Tardres, Blanchier, curé.

Baptême de Anne Beaux 1740. — L'an 1740 et le 17 janvier, a été baptisée Anne, fille légitime de Louis Beaux, et de Constance Vesin. Le parrain a été Joseph Vesin, la marraine Fulchrande Crispin. Présents les soussignés : Beaux, Lauret, prêtre.

Baptême de Jeanne Beaux 1743. — L'an 1743 et le 7 novembre, nous avons baptisé Jeanne, fille légitime de Louis

Beaux, maréchal, et de Constance Vesin. Son parrain a été Jean Baptiste Baux et sa marraine Marie Vesin. Présents les soussignés : Alibert, Beaux, Bargeton, prêtre.

Baptême de Marie Beaux 1746. — L'an 1746 et le 20 mars, nous avons baptisé Marie, fille légitime de Louis Beaux, maître maréchal, et de Constance Vezin. Le parrain a été Jean Baptiste Vezin et la marraine Marie Adoul. Présents les soussignés : Vesin, Voisin, Blanchier, curé.

Sépulture de Marie Beaux 1746. — L'an 1746 et le 26 mars, nous avons inhumé Marie Beaux, fille légitime de Louis Beaux, maître maréchal, et de Constance Vesin. Présents les soussignés : Delranc, Beaux, Bargeton, prêtre.

Baptême de Joseph Beaux 1747. — L'an 1747 et le 2 mars, nous avons baptisé Joseph, fils légitime de Louis Beaux, et de Constance Vezin. Son parrain a été Joseph Aubanel. Sa marraine Claire Ager. Présents les soussignés : Aubanel, Valat, Bargeton, prêtre.

Baptême de Louise Beaux 1750. — L'an 1750 et le 8 octobre, nous avons baptisé Louise, née le 5, fille légitime de Louis Beaux, maître maréchal ferrant, et de Constance Voisin. Son parrain Jean Beaux, sa marraine Jeanne Beaux, frère et sœur. Présent sieur Jean Baptiste, et sieur Aubanel signés avec nous et le parrain. Beaux, Vallée, Aubanel, Blanchier, curé.

Sépulture de Louise Beaux 1752. — L'an 1752 et le 27 août, nous avons inhumé dans le petit cimetière : Louise Beaux, fille légitime de Louis Beaux et de Constance Voisin, âgée d'environ 2 ans. Présents les soussignés : Toussaint, Bargeton, prêtre.

Mariage de Louis Beaux et de Jeanne Castan 1753. — L'an 1753 et le 20 août, après la publication des bans du mariage d'entre Louis Beaux, maître maréchal, fils de Louis Beaux, aussi maître maréchal, et de Constance Voisin, d'une part, et Jeanne Castan, fille de feu Joseph Castan et de Clemence Faiolle, d'autre part, ... les avons conjoints en légitime mariage en présence de maître J. Valat, notaire, Jean Baptiste Beaux, Jacques Beaux, frères du nouvel époux, et maître Jacques, procureur d'office, tous habitants sur cette paroisse, excepté Jean Baptiste Beaux, qui habite à Saint Hippolyte.

Baptême de Jean Louis Beaux 1754. — L'an 1754 et le 9 juin, baptême de Jean Louis, fils de Louis Beaux et de Constance Voisin.

Sépulture de Jean Louis Beaux 1754. — L'an 1754 et le

25 juin, nous avons inhumé Jean Louis, fils légitime de Louis Beaux et de Constance Voisin, âgé d'environ un mois. Présents les soussignés : Faiolle, André, sacristain.

Baptême de Louis Beaux 1755. — L'an 1755, et le 25 décembre, nous avons baptisé Louis, fils légitime de Louis Beaux et de Jeanne Castan. Son parrain a été Jacques Valat, et sa marraine Constance Voisin. Présents les soussignées : Baux (pour la première fois, signature sans *e*), Valat, André, sacristain.

Baptême de Marie Beaux 1759. — L'an 1759 et le 11 novembre, nous avons baptisé Marie, fille légitime de Louis Beaux et de Jeanne Castan. Son parrain a été Jacques Beaux, son oncle, la marraine Marie Brugueirolle. Présents les soussignés Beaux, Beaux, Faiolle, André, sacristain.

Baptême de Jean Beaux 1760. — L'an 1760 et le 23 novembre, nous avons baptisé Jean, fils légitime de Jean Baux, maître maréchal, et de Louise Grousset. Son parrain a été Guillaume Grousset, sa marraine Constance Voisin, aïeule du baptême. Présents les soussignés : Beaux, Grousset, Faiolle, André, sacristains.

Baptême de Jean Baptiste Beaux 1762. — L'an 1762 et le 26 septembre, nous avons baptisé Jean Baptiste, fils légitime de Jean Baux, maître maréchal ferrant, et de Louise Grousset. Le parrain a été Jean Baptiste Beaux, oncle paternel, la marraine Antoinette Grousset, tante maternelle. Le père, le parrain signés avec nous : Beaux, Beaux, Grousset, André, sacristain.

Baptême de Louise Beaux 1763. — L'an 1763 et le 15 août, nous avons baptisé Louise, fille légitime de Louis Beaux, maître maréchal ferrant, et de Jeanne Castan. Parrain Joseph Beaux, oncle paternel.

Sépulture d'Antoine Beaux 1764. — L'an 1764 et le 10 août, nous avons inhumé dans le cimetière de cette paroisse, Antoine Beaux, âgé d'environ 60 ans, après avoir reçu le viatique. Présents les soussignés : Tardres, Grousset, André, sacristain.

Sépulture de Louise Beaux 1765. — L'an 1765 et le 5 septembre, nous avons inhumé dans le cimetière joignant l'Église : Louis Baux, âgée d'environ 2 ans. Présents les soussignés : Louis Alibert, Dufour, André, sacristain.

Sépulture de Jean Baptiste Beaux 1765. — L'an 1765 et le 17 octobre, nous avons inhumé dans le cimetière joignant l'Église : Jean Baptiste Baux, âgé de 3 ans environ. Présents les soussignés : Tardres, Alibert, André, sacristain.

Baptême de Joseph Beaux 1767. — L'an 1767 et le 10 mars, nous avons baptisé Joseph, fils légitime de Louis Beaux et de Jeanne Castau. Le parrain a été Louis Beaux et la marraine Marie Valat. Les soussignés : maréchal ferrant Baux, Beaux, Beau, Blanchier, curé.

Baptême de Anne Beaux 1767. — L'année 1767 et le 30 août, a été baptisée Anne, fille légitime de Jean Beaux, maître maréchal et de Louise Grousset, née le jour d'hier. Son parrain a été Jean Grousset, sa marraine Anne Voisin, signés avec nous et le père : Grousset, Beaux, André, sacristain.

Baptême de Joseph Beaux 1768. — L'an 1768 et le 28 septembre, a été baptisé Joseph, né le 26, fils légitime de Jeanne Castan (*sic*) et de Louis Beaux, maréchal. Le parrain a été Joseph Aubanel, et la marraine Louise Grousset. Ont été présents Jean Beau, son oncle, et Louis Beau, son père, signés avec nous : Louison Groucet, Aubanel, Beaux, Louis Beaux, André, prêtre et vicaire.

Sépulture de Joseph Beaux 1768. — L'an 1768 et le 4 novembre, nous avons inhumé dans le petit cimetière : Joseph Baux, âgé d'un mois et quelques jours. Présents les soussignés : Arman, Beaux, André, sacristain.

Baptême de Pierre Beaux 1769. — L'an 1769 et le 25 mars, nous avons baptisé Pierre, fils légitime de Jean Beaux et de Louise Grousset. Le parrain a été Pierre Grousset, et la marraine Marion Grousset signés avec nous : P. Grousset, Grousset, Beaux, André, prêtre-sacristain.

(Il est sobre de détails ce sacristain. Il a hâte de finir ; plus de professions, d'alliances mentionnées. DAYRE.)

Sépulture de Pierre Beaux 1770. — L'an 1770, nous avons inhumé dans le petit cimetière Pierre, fils de Jean Beaux et de Louise Grousset, âgé d'environ 15 mois. Présents les soussignés : Delranc, Grousset, André, sacristain.

Baptême de Joseph Beaux 1771. — L'an 1771 et le 17 février, nous avons baptisé Joseph, fils légitime de Jean Beaux et de Louise Grousset, né le jour d'auparavant. Son parrain a été Joseph Aubanel. Sa marraine Anne Voisin. Le père présent, et autres, qui ont signé avec nous : Beaux, Aubanel, Grousset, André, prêtre-sacristain.

Sépulture de Joseph Beaux 1772. — L'an 1772 et le 4 septembre, nous avons inhumé dans le petit cimetière : Joseph

Beaux, âgé d'environ 17 mois, décédé le jour d'hier. Présents les soussignés : Grousset, Paillier, André, sacristain.

Sépulture de Louis Beaux 1773. — L'an 1773 et le 11 juillet nous avons inhumé dans le cimetière joignant l'Eglise, Louis Beaux, maître maréchal ferrant, âgé de 43 ans ou environ, décédé le jour d'hier après avoir reçu les Sacrements. Présents les soussignés : J. Beaux, Valat, André, sacristain.

Baptême de Pierre Beaux 1773. — L'an 1773 et le 17 octobre, a été baptisé Pierre Beaux, né le 15, fils légitime de Jean Beaux, maréchal ferrant et de Louise Grousset. Le parrain Jean Beaux, son frère, la marraine Marie Grousset, sa tante, tous signés avec nous, prieur desservant : Beaux, Beaux, M. Grousset, Tuech, prieur desservant.

Sépulture de Jacques Beaux 1776. — L'an 1776 et le 13 septembre, a été inhumé par nous, curé soussigné, Jacques Beaux, âgé d'environ 8 ans, fils légitime de Jean Beaux, maréchal ferrant, et de Louise Grousset. Tuech, curé archiprêtre.

Baptême de Joseph Beaux 1778. — L'an 1778 et le 9 août, a été baptisé par nous, curé soussigné, Joseph, né le 4, fils légitime de Jean Beaux, maréchal ferrant, et de Louise Grousset. Son parrain a été Jacques Beaux, aussi maréchal ferrant, habitant à Saint Hippolyte, son oncle. Sa marraine, Marie Beaux, sa cousine. Le père, le parrain, la marraine, signés avec nous : Marion Beaux, Beaux, Beaux, Tuech, curé.

Mariage de Louis Roche et de Marie Beaux 1778. — L'an 1778 et le 15e jour de septembre, nous, curé archiprêtre soussigné, après avoir publié pendant 3 dimanches à notre messe de paroisse les bans des parties sans qu'il soit venu aucun empêchement canonique ou civil, et avoir reçu le certificat de publication de bans en bonne et dûe forme de Monsieur Campredon, curé et archiprêtre d'Anduze, avons solennellement conjoint en légitime mariage Louis Roche, âgé de 26 ans, maître cordier, fils, et Marie Beaux, âgé de 19 ans, fille légitime de Louis Beaux, maître maréchal et de Jeanne Castan, procédant au dit mariage du consentement de sa mère, comme il conste par l'acte de mariage reçu par Me Viala, notaire du dit Lasalle. Ont été présents au dit mariage : Jean Beaux, maître maréchal ferrant, oncle de l'épouse, Jean Beaux, fils du dit Beaux aussi maréchal, Sieur Jacques Valat, procureur jurisdictionel, habitants de Lasalle, et François Roche, frère de l'époux, habitant de la ville d'Anduze. Tous ont signé avec nous et les époux : Marion

Beaux, Louis Roche, Valat, Beaux, Roche, Moinier, Grousset, Beaux, Augier, Tuech, curé.

Sépulture de Joseph Beaux 1779. — L'an 1779 et le 30 juillet, a été inhumé par nous, curé soussigné, Joseph Beaux, décédé ce matin à 2 heures, à l'âge d'environ 1 an, fils légitime de Jean Beaux, maréchal ferrant, et de Louise Grousset. Tuech, curé archiprêtre.

Baptême de Louis Jacques Beaux 1779. — L'an 1779 et le 22 août, a été baptisé par nous, curé soussigné, Louis Jacques, né le 17 du même mois, fils légitime de Louis Beaux, maréchal ferrant, et d'Angélique Moinier. Le parrain a été Jacques Moinier, ménager, son oncle, et la marraine Jeanne Castan, veuve de Louis Beaux, sa grand-mère. Le père, le parrain et mademoiselle Louise Costier ; Clerc, tonsuré et Jean Beaux, maréchal ferrant signés avec nous : Louis Beaux, Moinier, Beaux, Constier, Clerc, Tuech, curé archiprêtre.

Baptême de Louise Elisabeth Beaux 1780. — L'an 1780 et le 10 mars, nous curé soussigné, avons baptisé Louise Elisabeth, née la veille, fille légitime de Jean Beaux, maréchal ferrant, et de Louise Grousset. Son parrain a été Sieur Pierre Vernet, et sa marraine Elisabeth Tardrès. Le père, le parrain signés, avec nous : Beaux, Vernet, Tuech, curé.

Baptême de Joseph Beaux 1781. — L'an 1781 et le 18 février, nous, prieur de Saint Bonnet, du consentement de M. le curé de Lasalle, avons baptisé Joseph, né le 16, fils de Louis Beaux, maréchal ferrant, et d'Angélique Moinier. Le parrain, Louis Roche, de la ville d'Anduze. La marraine, Suzanne Hébrard. Beaux, Roche, Bourra, prieur.

Baptême d'Angélique Beaux 1783. — L'an 1783 et le 1er janvier, nous, vicaire soussigné, avons baptisé Angélique (morte 12 jours après) née hier, fille légitime de Louis Beaux, maréchal ferrant, et de Angélique Moinier. Le parrain a été Jacques Périer, menuisier, et la marraine Marie Gibelin, signés avec nous. Le parrain a dit ne savoir signer, de ce requis. Beaux, Gibelin, Hestor, vicaire.

Baptême de François Jacques Beaux 1784. — L'an 1784 et le 2 février, nous, vicaire soussigné, avons baptisé François Jacques, fils légitime de Louis Beaux, maréchal ferrant, et de Angélique Moinier, né hier. Son parrain a été Jacques Valat, procureur jurisdictionel. Sa marraine Louise Vallat, épouse de

François Causse, habitant de Ganges. Le père, le parrain signés, avec nous : Beaux, Valat, Portalès, vicaire.

Baptême de Suzanne Angélique Beaux 1785. — L'an 1785 et le 8 décembre, nous, curé archiprêtre soussigné, avons baptisé Angélique Suzanne Beaux, née ledit jour, fille légitime de Louis Beaux, maréchal ferrant, et d'Angélique Monier. Son parrain a été Jacques Périer, menuisier, sa marraine Suzanne Hébrard. Le père signé avec nous : Beaux, Tuech, curé archiprêtre.

Nota. — Les Sieurs Jean Beaux signent très souvent les actes de mariages et de sépulture sous cette dénomination : Les Sieurs Jeans Beaux, père et fils, maréchaux ferrants, ont été présents. En 1786, l'un de ces Jean est signalé comme gendre de Guillaume Grousset, décédé à l'âge de 77 ans.

Baptême de Jean Beaux 1787. — L'an 1787 et le 26 mars, nous, curé archiprêtre soussigné, avons baptisé Jean, né hier, fils légitime de Jean Beaux, maréchal ferrant, et de demoiselle Marie Magdeleine Banal. Son parrain a été Sieur Jean Beaux, son grand père. Sa marraine Marianne Ginoulhiac, veuve de Sieur Jean Banal, du lieu de Saint-Bauzille du Putois, au Diocèse de Montpellier, sa grand-mère maternelle. Le père, le parrain, la grand-mère signés avec nous : Beaux, Ginoulhac, Beaux, Grousset de Beaux, Tuech, curé archiprêtre.

Baptême de Marie Beaux 1787. — L'an 1787 et le 19 septembre, nous, curé soussigné, avons baptisé Marie, née ledit jour, fille légitime de Sieur Louis Beaux, consul, maréchal ferrant, et d'Angélique Monier. Le parrain a été sieur Jean Beaux, maréchal ferrant, son grand oncle, et la marraine Marie Beaux, épouse du sieur Louis Roche, habitant d'Anduze, cordier. Le père, le parrain et la marraine signés avec nous : Beaux, Beaux, Beaux, Roche, Tuech, curé.

Baptême de Jean Pierre Grousset 1787. — Fils de Jean Grousset, maréchal ferrant, et de Jeanne Itier. Le parrain a été Pierre Beaux. Signé : Beaux, Tuech, archiprêtre.

Sépulture de Suzanne Angélique Beaux 1788. — L'an 1788 et le 10 mars, nous, curé soussigné, assisté de M. Maurel, notre vicaire, avons inhumé Suzanne Angélique Beaux, âgée de deux ans, fille légitime du Sieur Louis Beaux, maréchal ferrant, et second consul, et d'Angélique Monier. Ont été présents Sieurs Jean Beaux, maréchal ferrant et Jean Beaux, aussi maréchal ferrant, tous habitants de notre paroisse. Signés avec nous : Beaux, Beaux, Tuech, curé archiprêtre.

Signatures 1788. — Présence et signatures de Jean Beaux, père et fils, maréchaux ferrants, à 3 mariages, en septembre et décembre 1788. Beaux, Beaux, Tuech, curé.

Baptême de Louise Françoise Beaux 1789. —L'an 1789 et le 19 juin, nous, curé archiprêtre soussigné, avons baptisé Louise Françoise, née le 18, fille légitime de Sieur Jean Beaux, maréchal ferrant, et de Madeleine Banal. Le parrain a été François Beaux, son oncle, sa marraine Louise Grousset, épouse de Sieur Jean Beaux, sa grand-mère. Le père, le parrain et la marraine signés avec nous : Beaux, Beaux, Grousset, Tuech, curé.

Sépulture de Jeanne Beaux 1789. — L'an 1789 et le 29 juillet, nous, curé soussigné, avons inhumé Jeanne Beaux, veuve de Joseph Fourcail, tonnelier, âgé d'environ 60 ans. Tuech, curé archiprêtre.

Signatures 1789. — Quatre signatures de Jean Beaux, maréchal ferrant, assistant comme témoin à quatre sépultures faites par Messire Tuech, curé archiprêtre de Lasalle.

Baptême de Marie Françoise Beaux 1790. — L'an 1790 et le 17 janvier, baptême de Françoise, fille de Louis Beaux, maréchal ferrant, et d'Angélique Moinier, dont le décès est ci-dessous. Beaux, Tuech, curé.

Baptême de Jean François Beaux 1790. — L'an 1790 et le 23 septembre, nous soussigné, avons baptisé Jean François, né le jour précédent, fils légitime de Sieur Jean Beaux, maréchal ferrant, et de Madeleine Banal. Le parrain a été Jean François Banal, son oncle, étudiant, habitant à Saint Bauzille, Département de Montpellier. Sa marraine Élisabeth Bastide, veuve de Guillaume Grousset, sa bisayeule. Le père, le grand père, le parrain signés avec nous : Beaux, Banal, Tuech, curé.

Signature et désignation 1791. — L'an 1791 et le 30 janvier, nous, vicaire soussigné, avons baptisé....... Le parrain a été Sieur Jean Beaux, maréchal ferrant, signé avec nous : Beaux, Tuech.

Signatures 1791. — L'an 1791 et le 18 mai, nous vicaire soussigné..........., avons conjoint en légitime mariage.......... Ont été présents à ce mariage Sieur Pierre Beaux, tailleur d'habits, Jean Beaux, maréchal ferrant signés avec nous : Beaux, Beaux....., Maurel, vicaire.

Sépulture de Françoise Beaux 1791. — L'an 1791 et le 6 octobre, nous, curé soussigné, avons inhumé dans..... Françoise Beaux, fille légitime de Louis Beaux, maréchal ferrant, et d'Angélique Moinier, décédée à l'âge d'environ deux ans. Tuech, curé.

Sépulture de Jean Beaux 1791. — L'an 1791 et le 13 octobre, nous, vicaire soussigné, avons inhumé Jean Beaux, maréchal ferrant, décédé le jour précédent dans sa 58e année. Ont été présents..... signés avec nous : Martin, vicaire.

Baptême de Jean Beaux 1792. — L'an 1792 et le 29 janvier, nous, curé soussigné, avons baptisé Jean, né le 27, fils légitime de Sieur Louis Beaux, maréchal ferrant, et d'Angelique Moinier. Le parrain a été..... Le père s'est signé avec nous : Beaux, Tuech, curé.

Signature 1792. — L'an 1792 et le 9 mai, nous, curé soussigné, avons baptisé Marie Tiers..... Le parrain a été Pierre Falguerote, de Rhodez, Aveyron, représenté par Sieur Jean Beaux, maréchal ferrant signé avec nous : Beaux, Tuech, curé.

Sépulture de Joseph Beaux 1792. — L'an 1792 et le 11 mai, nous curé soussigné, avons inhumé Joseph Beaux, décédé le jour précédent, à l'âge de 10 mois, fils de feu Jean Baptiste Beaux, ménager, et de Jeanne Baile, son épouse. Présents à la sépulture Louis Beaux, maréchal ferrant, et Louis Cruveille signés avec nous : Beaux, Tuech, curé.

Signature 1792. — Le 30 décembre 1792, l'an 1er de la République française, devant nous, officier public de la Commune de Lasalle, s'est présenté N..... assisté de..... et de Louis Beaux, maréchal ferrant, tous habitants du dit Lasalle. Signé : Beaux.

29 germinal 1792 vieux style. — Le citoyen Louis Beaux, *maréchal* ferrant (*sic*) déclare la naissance d'une fille, dont Angélique Moinier, son épouse est accouchée, et lui donne le prénom de Pensée.

3 avril 1793. — Naissance de Louise Beaux, fille de Jean Beaux, *maréchal* à forge, et de Madeleine Banal.

12 fructidor (An IV de la République). — Naissance de Charles Beaux, fils de Louis Beaux, maréchal, et d'Angélique Moinier.

4 prairial (An V de la R.). — Naissance d'Elisabeth Rosalie, fille de *Jean* Beaux, maréchal à forge, et de Madeleine Banal.

21 germinal (An V de la R.). — Mariage de Pierre Beaux, tailleur d'habits, fils de *Jean* Beaux, maréchal à forge, et de Louisse Grousset, avec Jeanne Bruguier.

2 nivose (An VI de la R.). — Naissance de *Jeanne* Beaux,

fille de Pierre Beaux, tailleur d'habits, et de Jeanne Bruguier, (ici une signature sans la lettre e, Baux).

6 nivose (An VI de la R.). — Mariage de François Ravès, maçon, et de Louise Elisabeth Beaux, fille de *Jean* Beaux, quand vivait, *maréchal* à forge, et de Louise Grousset.

29 prairial (An de la R.). — Décès de Charles Beaux, fils de Louis Beaux, *maréchal,* mort âgé de vingt mois. (Sans autre désignation.)

10 frimaire (An VII de la R.). — Naissance de Pierre Beaux, fils d'autre Pierre Beaux, tailleur, et de Jeanne Bruguier.

3 floréal (An VII de la R.). — Naissance d'Hippolyte Beaux, fils de Louis Beaux, *maréchal,* et d'Angélique Moinier.

25 pluviose (An VIII de la R.). — Naissance de *Jean* Auguste Beaux, fils de *Jean* Beaux, *maréchal,* et de Madeleine Banal.

16 germinal (An X de la R.). — Décès de Louis Beaux, maréchal à forge, décédé à sept heures du soir, âgé de quarante six ans.

19 fructidor (An X de la R.). — Décès de Pierre Beaux, cabaretier, âgé de vingt huit ans. (Sans autre.)

21 messidor (An XIII de la R.). — Décès d'Anne Beaux, âgée d'un jour, fille de Louis Beaux, *maréchal* à forge, et d'Anne Beaux (*sic*).

Ici, finissent les actes de catholicité de la paroisse de Lasalle Saint Pierre. Monsieur Coste, premier curé, après le concordat, ne prit possession de la paroisse qu'il avait dû quitter, qu'en 1804. Il fut remplacé par Monsieur Charrier, qui ne resta que trois ans environ, Monsieur Picart vingt-cinq, Monsieur Bayle cinq, et Monsieur Dayre trente. Ces Messieurs ont signé les divers actes ci-dessus. Durant la tourmente révolutionnaire, on enregistrait les naissances, les mariages et les décès à la Commune, où j'ai trouvé les actes suivants. La Commune a trois registres pour les actes civils : Naissances, Mariages et Décès. L'Église n'en a qu'un. DAYRE.

21 janvier 1805. — Baptême de Jules Beaux, fils de Sieur *Jean* Beaux, maréchal, et de Madeleine Banal.

23 avril 1807. — Baptême de *Jean* Louis, fils de Sieur Louis Beaux et d'Anne Beaux (*sic*).

5 mai 1807. — Décès d'Anne Beaux, épouse de Louis Beaux, *maréchal* à forge, née à Saint Bonnet.

24 septembre 1807. — Baptême de Marie Adelaïde, fille de Sieur Jean Beaux et de Madeleine Banal.

23 décembre 1812. — Baptême de Marie Madeleine, fille de Jean Beaux et de Madeleine Grégoire.

9 août 1815. — Baptême de *Jean* Fulcrand, fils de Sieur Jean Beaux et de Madeleine Grégoire.

10 août 1815. — Mariage de François Auguste Fort avec Angélique Beaux (sans plus). Signés : Jean Beaux et François Beaux.

21 février 1816. — Mariage de *Jean* Baptiste Beaux et de Marie Priscille, domiciliés à Saint Bonnet.

7 mai 1819. — Baptême d'Auguste Ferdinand, fils de *Jean* Beaux et de Madeleine Grégoire.

17 février 1822. — Baptême de Jules Ferdinand, fils de *Jean* Beaux et de Madeleine Grégoire. Parrain et marraine Jules Beaux et Adelaïde Beaux.

9 avril 1824. — Sépulture de Rosalie Beaux, épouse de Jean Louise Aliger, maçon, décédée à vingt sept ans.

20 juin 1826. — Mariage de *Jean* Louis Pagès, maçon, avec Françoise Beaux. Signés au registre : Pierre Beaux, Jules Beaux.

14 août 1826. — Sépulture de *Jean* Beaux, décédé à l'âge de soixante trois ans (sans plus).

9 janvier 1827. — Mariage de Sieur Etienne Calvet de Sauves avec demoiselle Adelaïde Beaux (sans plus).

6 janvier 1830. — Sépulture de *Jean* Louis Beaux, âgé de vingt-deux ans, fils de Louis Beaux et d'Anne Beaux (*sic*).

9 octobre 1833. — Sépulture de Madeleine Banal veuve Beaux, *maréchal ferrant*, décédée à l'âge de 74 ans.

22 janvier 1834. — Mariage de Sieur François Valdeirou, négociant, avec demoiselle Marie Madeleine Beaux, fille de *Jean* Beaux et de Madeleine Grégoire.

10 janvier 1836. — Sépulture de *Jean* Beaux, fils de feu Louis Beaux, *maréchal à forge*, et d'Angélique M... (*nom illisible*), décédé à l'âge de quarante ans (Angélique Moinier).

12 mai 1839. — Baptême de Marie Amélie Virginie, fille de Fulcrand Beaux, *vétérinaire*, et de Rosine Favier.

30 octobre 1839. — Sépulture d'Hippolyte Beaux, âgé de quarante cinq ans.

5 mai 1843. — Sépulture de *Jean* Fulcrand Beaux, fils de *Jean* Fulcrand Beaux, *maréchal ferrant*, et de Rosine Favier, décédé à dix-huit mois.

21 décembre 1844. — Baptême de Ernest Beaux, fils de Fulcrand Beaux, *maréchal à forge*, et de Rosine Favier.

16 septembre 1848. — Sépulture de Madeleine Grégoire, épouse de *Jean* Beaux, *maréchal ferrant*, décédé à l'âge de soixante dix ans.

10 février 1849. — Sépulture de Marie Anaïs, âgée de dix-sept jours, fille de Fulcrand Beaux, *maréchal ferrant*, et de Rosine Favier.

20 novembre 1849. — Sépulture de Marie **Beaux**, femme Grousset, décédée à l'âge de soixante huit ans.

7 février 1861. — Mariage du Sieur Auguste Ferdinand Beaux, fils de *Jean* Auguste Beaux, négociant, avec demoiselle Rosine Amélie Beaux, fille de Sieur *Jean* Fulcrand Beaux.

12 mars 1871. — Sépulture de Pierre Beaux, maçon, fils d'autre Pierre Beaux et de Jeanne Bruguier, décédé à l'âge de soixante douze ans.

9 avril 1871. — Sépulture de *Jean* Beaux, propriétaire, fils de *Jean* Beaux, *maréchal* ferrant et de Madeleine Banal, veuf de Madeleine Grégoire, décédé à l'âge de quatre vingt trois ans.

27 octobre 1871. — Sépulture de Sieur Ernest Beaux, fils de Fulcrand *Jean* Beaux et de feue Rosine Favier, décédé à l'âge de 27 ans, à Hières, en suite des blessures et des souffrances subies à l'armée, sous les drapeaux de laquelle il était accouru, volontaire, et par pur patriotisme, de Milan, Italie, où il résidait avec son beau-frère et cousin, Auguste.

5 février 1886. — Sépulture de *Jeanne* Beaux, veuve Ricard, décédée à l'âge de quatre vingt six ans.

28 septembre 1886. — Sépulture de Françoise Beaux, épouse Pagès, maçon, décédée à l'âge de quatre-vingt-six ans.

NOTES DE Mᴱ BOISSIÈRE

NOTAIRE A LASALLE

Il ne m'a pas été possible de faire dans mes minutes des recherches au delà de l'année 1772, par la raison que Mᵉ Cavalier ne m'a pas remis la rubrique générale de ses prédécesseurs (Mᵉ Viala excepté, qui a commencé à exercer en l'an 1772).

J'ai trouvé divers actes sans importance que je mentionne ci-dessous :

1781-1782. — Quittance par Moïse Deshous à Louis Beaux : id. par Jean Soulier.

1785. — Quittance à Jean Beaux par Antoine Beaux.

1788-89. — Quittance à Jean Beaux par Cabanis. Vente à Louis Beaux par Marie Voisin d'une maison à Gravière. Testament de Jeanne Beaux.

1791. — Cession à Louis Beaux par Jean Mourier.

1793. — Transaction entre Justin Beaux et Louis Dumas.

1800-1801. — Quittance à Louis Beaux par Jean Mourier.

Les actes qui pourraient avoir un peu plus d'importance seraient les suivants, si pour le plus grand nombre ils ne concernaient pas les Beaux de Semièges. Il ne m'est pas facile de distinguer, parce que la plupart sont désignés *maréchal à forge.* — Y avait-il, à Lasalle, d'autres Beaux, exerçant la même profession ?

6 février 1797 (L'an V de la République, et 6 pluviose). — Transaction entre Jean Beaux, maréchal, et Pierre Beaux, son frère.

Il est question du mariage que leur père Jean Beaux avec Louise Grousset, reçu le 15 août 1758 par Mᵉ Martial (prédécesseur de Mᵉ Viala) et dont les minutes sont en ma possession,

Il y eut 4 enfants de ce mariage : Jean, François, Pierre, et Louise Élisabeth.

Le fils Jean contracta mariage avec Marie Madeleine Banal de Saint Bauzille du Putois. Jean son père, aurait fait son testament devant Mᵉ Pellet, notaire à Lasalle, le 13 septembre 1791 La transaction intervient à la suite.

1800. — 1° Il y a une vente par Louis Beaux à son fils Louis Beaux : 2° un testament de Louis Beaux, époux Mourier qui laisse 8 enfants ; 3° un inventaire des biens de ce Louis Beaux.

1802. — Il y a un mariage de Louis Beaux avec Anne Beaux.

1809. — Il y a un inventaire des biens de ce Louis Beaux, maréchal à forge, comme son père.

1811. — Il y a un mariage d'Angélique Beaux avec Augustin Fort.

Je n'ai pas trouvé dans les minutes de Mᵉ Cavalier des actes ayant grande importance. Je ne mentionnerai :

1° *27 juillet 1883*. — Qu'un acte d'abandon, quittance et donation entre vifs du 27 juillet 1833, par Madeleine Banal, veuve Jean Beaux, à ses enfants, et plus particulièrement à Jean Auguste Beaux, le tout visant le testament de Jean Beaux, père, reçu Cabanis, notaire, le 16 novembre 1822, et le partage fait par le même notaire, du 6 février 1827.

2° *8 décembre 1833*. — La vente du 8 décembre 1883 par Jean Auguste Beaux à Jean Louis Vidal, de sa part à l'auberge de la Coupe d'Or.

Il y a d'autres actes concernant les Beaux-Calvet, Auguste Beaux, etc., sans importance, portant sur des quittances et visant d'autres actes de partage et testament.

NOMENCLATURE GÉNÉRALE

DE TOUS LES ACTES ET DOCUMENTS RELATIFS

A NOTRE FAMILLE,

par ordre chronologique.

1640. — Époque approximative de la naissance de Jean Baud, époux de Toinette Dommenge, en 1667.

Du 3 janvier 1666.

Devant Me Jacques Michel, notaire à Valleraugue.

Transaction entre Jean Airal, cordonnier, et Jean Baud, maréchal à forges, de Valleraugue.

Baud s'était battu avec un nommé Saumade, maréchal à forges, de Lannéjols ; Airal, ayant voulu les séparer, fut blessé. Ils transigent à 28 livres quittancées.

MARIAGE :

26 mai 1667. — De Jean Baud et de Toinette Dommenge, de Saint-André-de-Majencoules. — (Les registres ne portent pas d'autres mentions.)

NAISSANCES :

11 juillet 1669. — Jean Baud, fils de Jean et de Toinette Dommenge.
PARRAIN : Jacques de Boyer, de la Rouvière.
MARRAINE : Catherine Foujolle.

28 décembre 1670. — Marie Baud, fille de Jean et de Toinette Dommenge, de Saint-André.
PARRAIN : Teissier.
MARRAINE : Marguerite Emenard, de la Coste.

4

6 janvier 1690. — Contrat de mariage d'Étienne Baux, tisserant de cadis, fils de feu Jean Baux et de Marguerite Durand, natif de Blajeux, paroisse de Quesac, diocèse de Mende, demeurant à Lasalle,

— et de Jeanne Pélerin, fille de feu Jean Pélerin et de Jeanne Caizergue de Lasalle,

l'époux, libre et majeur,

l'épouse, du consentement de la mère, et de son frère Jean, présents.

Témoins : Pierre Baux, de Colognac, oncle de l'époux, Charles Massot, Paul Blachère, Pierre Rocher, Jean Martin, de Rieumal, Pierre Sujol, de Prades.

L'an 1690 et le septième jour du mois de Février a été solennellement consacré le mariage de Etienne Baux, cardeur de laine, fils de Jean Baux et de Marguerite Durand d'une part, et de Jeanne Pélegrine, fille de Jean Pélegrin, tailleur d'habits, et de Jeanne Caissergue d'autre part, après avoir fait trois publications pendant trois dimanches consécutifs sans qu'il y ait eu aucune opposition après les bans. Cornillon prêtre curé, Masson, Soubeiran, Viala, signés.

MARIAGE :

17 janvier 1692. — De Jean Baud, maréchal-ferrant, âgé de 22 ans, fils de Jean Baud et de Toinette Dommenge, domiciliés à Saint-André-de-Majencoules, et de Jeanne Berthézène, âgée de 25 ans, fille de Charles, et de Sarran, du Mazel.

NAISSANCES :

11 novembre 1692. — Jean Baud, fils de Jean, et de Jeanne Berthézène.

PARRAIN : Jacques Baud (sans doute frère du père).
MARRAINE : Sarran du Mazel (sans doute la grand'mère).

L'an 1698, le dix huitième Avril, ont reçu la bénédiction nuptiale Etienne Beaux et Elisabeth Sabonière après la publication des bancs par trois dimanches consécutifs, ne nous ayant paru aucune opposition canonique. Présents les soussignés : Pouget, Gaches, Thomas et Bernard, signés.

L'an 1699 et le premier Février, a été baptisé Etienne Beaux fils à autre et d'Isabeau Sabonière, naquit le vingt sixième Janvier dernier. Son parrain a été Pierre Conte, sa marraine (le nom a été couvert par une grande tache d'encre). Présents les soussignés avec moi, J. Pouget, Thomas, Guilhet curé, Dorian, signés.

12 septembre 1700. — François Baud, fils de Jean, maréchal, et de Jeanne Berthézène.

PARRAIN : Fulcrand Daudé, de la Coste.
MARRAINE : Jeanne Laporte, du Mazel.

L'an 1701 et le dix-neuvième jour du mois de Janvier a été inhumé dans le cimetière de cette paroisse Etienne, fils d'autre Etienne Beaux et de Isabeau Sabonnadière, habitants de cette paroisse, décédé ce jourd'hui. Présents les soussignés avec moi, Bedos prêtre, Alibert, Viala, signés.

L'an 1701 et le dixième jour du mois d'Août a été baptisé Antoine Beaux, fils d'Etienne et de Elisabeth... (un blanc)... — sans doute : Sabonière, — né le huitième ; son parrain a été Antoine Dumas, muletier, la marraine Espérance Mourrier, fille de Pierre Mourrier, travailleur. Présents les soussignés avec moi, Bedos prêtre, Massabiau, signés.

25 juillet 1706. — Naissance et sépulture d'un fils de Jean et de Jeanne Berthézène, mort-né.

Baptême de Jean Baux 1706. — L'an 1706 et le 1er novembre, a été baptisé Jean Baux, né le 29 octobre, fils légitime d'Étienne Baux et d'Élisabeth Sabournadière, mariés, habitant le dit lieu. Son parrain Jean Debranc, tonnelier. Sa marraine Jeanne Fourestier. — Massabiau prêtre.

Sépulture de Jeanne Baux 1709. — Jeanne, fille à Étienne Baux et à Isabeau (*ici espace vide*), âgée d'environ 2 ans, décédée le onze, après minuit, a été inhumée le même jour, onzième avril 1709, par nous soussigné (*signature illisible*).

6 octobre 1724. — Contrat de mariage d'Antoine Baux, fils de feux David Baux et d'Isabeau Sabounnadière de Lasalle, avec Marguerite Malon, fille de feux Jean Malon et de Poustalière, également de Lasalle.

Présents : Claude Gauffres et Jean Blanc.

N. B. David Baux et Isabeau Sabonnadière sont les mêmes dénommés précédemment Étienne Baux et Élisabeth Sabonière.

Mariage d'Antoine Baux 1724. — L'an 1724 et le 6 novembre, après la publication des bans, canoniquement faite dans cette Église, sans opposition ni empêchement, nous, prêtre soussigné, avons solennellement conjoint en mariage Antoine Baux, fils de feu autre, et de Isabeau Sabournière, d'une part, et Marguerite Malon, fille de feu Jean Malon et de Jeanne Pourtalier, du présent lieu. Présents Louis Amat, illettré, et les soussignés, avec nous : Frouzès, prêtre, Crispin, Béchard.

Mariage de Jean Beaufet et de Marie Beaux 1725. — L'an 1725 et le 18 août, après la publication des bans, canoniquement faite dans la présente Église, sans opposition ni empêchement, nous, prêtre soussigné, avons solennellement conjoint en mariage Jean Beaufet, fils légitime de Guillaume Beaufet et de Magdeleine Lacombe d'une part, et Marie Beaux, fille légitime de feu Jean Beau et de Marguerite... aussi du présent lieu, d'autre part. Présents Guillaume Beau et Guillaume Beaufet illettrés, avec Pierre Fourestier et Jean Rogé soussignés : Frouzès, prêtre, Jean Rogé, Fourestier.

1er mars 1726. — Suzanne Baud, fille légitime de Jacques Baud, maître maréchal, et de Suzanne Maffré, née à Saint-André de Majencoules.

Parrain : Jean Baud, de Sumène.
Marraine : Marie Flavier, de la Rouvière-Raoux.

27 octobre 1726. — Contrat de mariage de Louis Baux, maréchal, natif de S. André de Majencoules, habitant de Lasalle, fils légitime de Jean Baux et de feue Jeanne Berthézène, traitant du consentement de Jacques Baux, son frère, du dit lieu de St-André, ici présent, procureur du dit Jean Baux, leur père, ainsi qu'il paraît de l'acte de procuration reçu par Me Puech, notaire du dit lieu de St-André, le 25 de ce mois, contrôlé le même jour au bureau de Valleraugue,

— et de Constance Voisin, fille de Antoine Voisin et de Jeanne Gros, de St-Bonnet, traitant du consentement de ses père et mère ici présents.

N. B. Dans sa dot figure une donation de Jeanne Tardres qui avait eu pour légataire universel de ses biens le dit Voisin, père, fermier à St-Bonnet.

Présents : Louis Sarrazin, prêtre et prieur de S. Bonnet, Barthélemy Delis, de St-Bonnet, Bellon, Bourguet, Aubanel et Bouzanquet, notaire.

Du 24 mars 1727.

Devant M⁰ François Puech, notaire à Saint-André-de-Majen-coules.

Testament de Jean Baud, maréchal, de Saint-André.
Il donne :
1° Aux pauvres, 20 sols ;
2° A François Baud, à Louis Baud et à Anne Baud, ses en-fants, 5 livres ;
3° A Jean Baud, son fils aîné, 5 sols ;
4° Il institue pour son héritier Jacques Baud, son autre fils.

21 septembre 1727. — Jacques Baud, fils légitime de Jacques Baud, maître maréchal, et de Suzanne Maffré, né à Saint-André.

PARRAIN : Jean Mazel, du Mazel, commune de Mandagout.
MARRAINE : Anne Baud, de Saint-André.

Baptême de Jeanne Beaux 1728. — L'an 1728 et le 25 jan-vier, Jeanne, fille légitime d'Antoine Baux et de Marguerite Malon, mariés, habitants de ce lieu, a été baptisée par moi, prê-tre soussigné. Son parrain a été Louis Amat. Sa marraine Jeanne Privat, Frouzès prêtre, Alibert.

Du 14 avril 1728.

Devant M⁰ François Puech, notaire à Saint-André-de-Majen-coules.

Quittance par Guillaume Journet à Jacques Baud, fils et hé-ritier de Jean Baud, maréchal, de Saint-André, de la somme de 9 livres, montant d'une obligation.

19 août 1729. — François Baud, fils de Jacques Baud, maître maréchal, et de Suzanne Maffré, né à Saint-André.

PARRAIN : François Baud, maître maréchal.
MARRAINE : Marie Maffré, du Mazel.

Baptême de Marguerite Baux 1729. — L'an 1729 et le 4 décembre, Marguerite, fille légitime d'Antoine Baux, maçon, et de Marguerite Malon, mariés, habitant de ce lieu, a été bapti-sée. Son parrain a été Louis Amat. Sa marraine Marguerite Espase. Frouzès, prêtre.

Baptême de Louis Baux 1730. — L'an 1730 et le 15 janvier, Louis, fils légitime de Louis Beaux et de Constance Vezin, habitants de ce lieu, a été baptisé. Son parrain a été Antoine Vezin, sa marraine Marie Ducros. Présents les soussignés : Sabatier, Patier, Frouzès, prêtre.

Baptême de Jacques Baux 1731. — L'an 1731 et le 18 novembre, nous avons baptisé Jacques Baux, fils légitime de Louis Baux et de Constance Voisin. Son parrain a été Jacques Baux, et sa marraine Jeanne Voisin. Présents les soussignés : Laroque, prêtre. Blanchier, prêtre, Augustino di Montecampo.

11 mai 1732. — Étienne Baud, fils de Jacques Baud, maître maréchal, et de Suzanne Maffré, né à Saint-André.

PARRAIN : Étienne Blanchon, du Vigan.

MARRAINE : Suzanne Portalès, de Peyregrosse.

Du 29 septembre 1732.

Devant Mᶜ Joseph-François Puech, notaire à Saint-André-de-Majencoules.

Quittance par Jean Fabre à Jacques Baud, maître maréchal, de Saint-André, de la somme de 60 livres, montant d'une obligation souscrite devant Mᵉ Puech, notaire à Nant-la-Rouergue, le 8 mars 1731.

25 mars 1733. — Suivant acte reçu par Mᶜ Louis Bouzanquet, avocat au Parlement et notaire à Lasalle, le 25 mars 1733, ledit M. Louis Beaux acquit de Claude Sujol, facturier de laine de Lasalle, une pièce de terre vigne située dans la paroisse de Lasalle, au quartier du Causse Nègre, au prix de 470 livres.

4 août 1733. — Et par acte reçu par ledit Mᵉ Bouzanquet le 4 août 1733, le dit Louis Beaux *déclara et reconnut qu'il tenait de noble Étienne de Manoël de la Blaquière et de sa directe seigneurie, lods, prélation et autres avantages attachés à la directe* par indivis avec le chapelain de la chapelle d'Alayrac, une pièce de terre vigne, située dans la paroisse de Lasalle, acquise par le reconnaissant, de Claude Sujol, par contrat passé devant le dit Mᵉ Bouzanquet, le 25 mars 1733, demeurant réservé au dit Sieur de la Blaquière les arrérages de la censive aussi bien que la liberté de se faire payer la dite censive en bloc à tels des contenanciers que bon lui semblera, baillant l'investiture de la dite pièce au dit Beaux, duquel il reçut la somme de 23 livres 10 sols.

27 novembre 1733. — Marie Baud, fille de Jacques Baud, maître maréchal, et de Suzanne Maffré, née à Saint-André.

PARRAIN : Louis Berthézène, du Mazel.
MARRAINE : Anne Salze, du Mazel.

Baptême de Jean Baux 1733. — L'an 1733 et le 29 novembre, a été baptisé Jean, né hier matin, fils légitime de Louis Baux, maître maréchal, et de Constance Vesin, habitants le présent lieu de Lasalle. Son parrain a été Jean Vesin, son oncle maternel, de la paroisse de Saint Bonnet, sa marraine Anne Baux, sa tante paternelle, du lieu de Saint André de Majencoules, diocèse d'Alais. Présents : Vital, Jubilin et Jean Alibert signés avec nous : Vesin, Jubilin, Alibert, Gaillère, prêtre.

Sépulture de François Baux 1734. — L'an 1734 et le 5 décembre, François, fils légitime de feu Jean Baux, maître maréchal, et de Jeanne Berthézène, natif du lieu de Saint André de Majencoules, habitant le présent lieu de Lasalle, décédé hier après avoir reçu les Sacrements de l'Église, a été inhumé par nous, prêtre, curé de la paroisse, en présence de Pierre Delranc et de Jean Forestier soussignés : Delranc, Fourestier, Blanchier, prêtre.

9 janvier 1736. — Anne-Constance Baud, fille de Jacques Baud, maître maréchal, et de Suzanne Maffré, née à Saint-André.

PARRAIN : François Maffré, du Mas del Prat.
MARRAINE : Constance Vezin, de La Salle.

Du 9 août 1736.

Devant M⁰ Joseph-François Puech, notaire à Saint-André-de-Majencoules.

Quittance par Anne Baud, veuve Jean Gervaix, de Notre-Dame-de-la-Rouvière à Jacques Baud, son frère, maître maréchal, de Saint-André, de 130 livres, lui revenant pour ses droits de légitime paternel et maternel.

Baptême de Susanne Baux 1736. — L'an 1736, nous avons baptisé Suzanne, fille de Louis Baux, maître maréchal ferrant, et de Constance Vesin. Son parrain a été Antoine Vesin, son oncle maternel. Sa marraine, Suzanne Mafrès, femme de Jacques Baux, de Saint André de Majencoules, et le dit Jacques Baux, qui n'a su signer, non plus que le parrain et la marraine. Jubilin, Gaillère, prêtre.

Baptême de François Baux 1738. — L'an 1738 et le 16 novembre, nous avons baptisé François, fils légitime de Louis Baux et de Constance Vesin. Son parrain a été Baptiste Baux, son oncle paternel, et sa marraine Anne Vesin, sa tante maternelle. Présents : le père, illettré, le parrain et Pierre Delranc signés avec nous : Beaux, Vesin, Delranc, Solice, prêtre.

Du 10 janvier 1739.

Devant Mᵉ Lacroix, notaire à Valleraugue.

Quittance de 380 livres, par Jean Caulet, bourgeois de Valleraugue.

À Antoine Baud, de Meyrueis, collecteur de Saint-Sauveur-des-Fourcils.

2 septembre 1739. — Suivant acte reçu par le dit Mᵉ Bouzanquet, notaire à Lasalle, le 2 septembre 1739, M. Pierre de Piolenc, demeurant à Lasalle, bailla à titre de ferme à M. Louis Beaux, maréchal du dit Lasalle, pour sept années, la pièce de terre que le dit M. de Piolenc possédait derrière sa maison au dit Lasalle, en nature de champs, jardin et pré, et allait aboutir depuis sa maison jusqu'à la rivière.

Sépulture de Jacques Beaux 1739. — L'an 1739, et le 18 octobre, nous avons inhumé Jacques Baux, fils d'autre, maréchal ferrant de Saint André de Majencoules, et de Suzanne Mafrès, décédé hier âgé de 12 mois. Présents les soussignés : Delranc, Tardres, Blanchier, curé.

Baptême de Anne Beaux 1740. — L'an 1740 et le 17 janvier, a été baptisée Anne, fille légitime de Louis Beaux, et de Constance Vesin. Le parrain a été Joseph Vesin, la marraine Fulchrande Crispin. Présents les soussignés : Beaux, Lauret, prêtre.

9 janvier 1743. — Suivant un acte reçu par le dit Bouzanquet, notaire, le 9 janvier 1742, le Sieur Pierre Salles, demeurant au Campel, commune de Sainte-Croix de Caderles vendit à Louis Beaux une petite maison comprenant boutique qui était occupée par le dit Beaux, et une écurie, moyennant une rente annuelle et perpétuelle de 40 livres.

Du 17 mars 1743.

Devant Me Joseph-François Puech, notaire à Saint-André-de-Majencoules.

Quittance par Alexis Puech, menuisier, de La Rouvière et Jean Amarine, maçon, de Saint-Martial, à Anne Baud, veuve Jean Gervaix, de la Rouvière, de 100 livres pour réparations faites à la maison d'Anne Baud.

Du 13 avril 1743.

Devant Me Joseph-François Puech, notaire à Saint-André-de-Majencoules.

Mariage : entre Antoine Portalès, facturier en laine, fils d'Antoine et de Marie Portalès, de la Rouvière.

Et Anne Baud, fille de feu Jean, maître maréchal, et de Jeanne Berthezène, et veuve de Jean Gervaix, de la Rouvière.

Anne Baud traitant avec l'assistance de son frère Louis Baud, maître maréchal, de la ville de Lassalle.

Constitution en dot par la future de meubles et de 60 livres.

Baptême de Jeanne Beaux 1743. — L'an 1743 et le 7 novembre, nous avons baptisé Jeanne, fille légitime de Louis Beaux, maréchal, et de Constance Vesin. Son parrain a été Jean Baptiste Baux et sa marraine Marie Vesin. Présents les soussignés : Alibert, Beaux, Bargeton, prêtre.

Du 1er novembre 1745.

Devant Me Joseph-François Puech, notaire à Saint-André-de-Majencoules.

Mariage entre Étienne Flavié, maître maréchal, fils de feu Étienne Flavié et de Marie Puech, de Valleraugue.

Et Suzanne Baud, fille de feu Jacques Baud, maître maréchal, et de Suzanne Maffré, de Saint-André ; traitant avec le consentement de Louis Baud, son oncle, maître maréchal à Lassalle.

Suzanne Maffré donne à sa fille la moitié de ses biens et le droit de rester dans une chambre de la maison de Jacques Baud, son défunt mari, dont ledit Flavié occupe la boutique.

MARIAGE :

20 novembre 1745. — D'Étienne Flavier, maître maréchal de Valleraugue, fils de feu Étienne et de Marie Puech, marié avec

Suzanne Baud, fille de Jacques, maître maréchal, et de Suzanne Maffré.

Du 20 janvier 1746.

Devant Mᵉ Joseph-François Puech, notaire à Saint-André-de-Majencoules.

Testament de François Baud, fils à feu Jacques, maréchal, de Saint-André,

Lequel allant partir pour le service du Roy, dans le régiment du prince Camille, cavalerie, a fait son testament :

Il donne :

Aux pauvres, 6 livres ;

A sa mère Suzanne Maffré, veuve Baud, 6 livres ;

Il institue comme héritier son frère, Étienne Baud.

15 février et 23 avril 1746. — Suivant acte reçu par le dit Bouzanquet, le 5 avril 1746, Jean Tournon, du hameau de Calviac, a donné à locatairie perpétuelle à Jean Baptiste Voisin et à Louis Beaux, maréchal à Lasalle, tous les deux acceptant solidairement, une maison avec jardin au quartier de la Gravière, moyennant une rente annuelle et perpétuelle de 30 livres.

Et le même jour, devant le même notaire, le dit Jean Baptiste Voisin, et Louis Beaux consentirent solidairement, une obligation au profit du dit Tournon de la somme de 198 livres, dont ils lui firent le remboursement par acte passé devant le même notaire, le 23 avril 1746.

Baptême de Marie Beaux 1746. — L'an 1746 et le 20 mars, nous avons baptisé Marie, fille légitime de Louis Beaux, maître maréchal, et de Constance Vezin. Le parrain a été Jean Baptiste Vezin et la marraine Marie Adoul. Présents les soussignés : Vesin, Voisin, Blanchier, curé.

Sépulture de Marie Beaux 1746. — L'an 1746 et le 26 mars, nous avons inhumé Marie Beaux, fille légitime de Louis Beaux, maître maréchal, et de Constance Vesin. Présents les soussignés : Delranc, Beaux, Bargeton, prêtre.

Naissances :

8 décembre 1746. — Suzanne Flavier, fille d'Étienne Flavier maître maréchal, et de Suzanne Baud, née à Saint-André.

Parrain : Antoine Flavier, de Valleraugue.

Marraine : Suzanne Maffré.

22 février 1747. — Suivant acte passé devant ledit M⁰ Bouzanquet, le 22 février 1747, le dit Louis Beaux et le Sieur Jean Campredon de Lasalle transigèrent sur une contestation qu'ils avaient eue au sujet de la propriété de l'eau d'une source se trouvant à l'un des bords de l'ancien chemin de Lasalle à Sainte Croix de Caderles, au-dessous d'une pièce vigne appartenant à Campredon, située au terroir du Causse Nègre, dans la paroisse de Lasalle, vis-à-vis d'une pièce vigne et jardin appartenant au dit Beaux, située de l'autre bord du chemin. Campredon se désista en faveur de Beaux de tous droits sur l'eau de la susdite source, et consentit que le dit Beaux en jouit en entier.

Baptême de Joseph Beaux 1747. — L'an 1747 et le 2 mars, nous avons baptisé Joseph, fils légitime de Louis Beaux, et de Constance Vezin. Son parrain a été Joseph Aubanel. Sa marraine Claire Ager. Présents les soussignés : Aubanel, Valat, Bargeton, prêtre.

6 janvier 1749. — Marie-Anne Flavier, fille d'Étienne Flavier, maître maréchal, et de Suzanne Baud, née à Saint-André.
PARRAIN : Antoine Portalès, de la Rouvière.
MARRAINE : Marie Puech, de Saint-André.

DÉCÈS :

30 octobre 1749. — Suzanne Baud, femme d'Étienne Flavier, maître maréchal, décédée à Saint-André.

18 mars 1750. — Partage entre Louis Baux, maître maréchal, et Jean Baptiste Voisin, voiturier, de la locatairie de Jean Tournon, faisant l'objet de l'acte du 15 février 1746.

MARIAGE :

17 juin 1750. — D'Étienne Flavier, maître maréchal, de Saint-André, veuf de Suzanne Baud, marié à Saint-André, en secondes noces, avec Isabeau Accariès, fille de feu Charles, et de Marie Aigoin, de la Rouvière-Raoux.

Baptême de Louise Beaux 1750. — L'an 1750 et le 8 octobre, nous avons baptisé Louise, née le 5, fille légitime de Louis Beaux, maître maréchal ferrant, et de Constance Voisin. Son parrain Jean Beaux, sa marraine Jeanne Beaux, frère et sœur. Présent sieur Jean Baptiste, et sieur Aubanel signés avec nous et le parrain. Beaux, Vallée, Aubanel, Blanchier, curé.

Décès :

18 mai 1752. — Marie-Anne Baud, âgée de 3 ans, fille d'Étienne Flavier et de feu *Suzanne Baud*, décédée au présent lieu de Saint-André.

Sépulture de Louise Beaux 1752. — L'an 1752 et le 27 août, nous avons inhumé dans le petit cimetière : Louise Beaux, fille légitime de Louis Beaux et de Constance Voisin, âgée d'environ 2 ans. Présents les soussignés : Toussaint, Bargeton, prêtre.

Du 28 octobre 1752.

Devant M° Joseph-François Puech, notaire à Saint-André-de-Majencoules.

Testament d'Étienne Baud, fils à feu Jacques, maréchal, habitant à Saint-André.

Il donne :

Aux pauvres, 20 sols ;

A sa mère, Suzanne Maffré, 3 livres ;

Il institue pour son héritier François Baud, son frère.

Du 13 novembre 1752.

Devant M° Joseph-François Puech, notaire à Saint-André-de-Majencoules.

Convention entre Louis Baud, maître maréchal, fils à feu Jean, ancien maître maréchal de Saint-André, de la ville de Lassalle ;

Et Suzanne Maffré, veuve Jacques Baud, héritière de Jean Baud, son frère ;

Et François Baud, son fils, de Saint-André,

Au sujet de la succession de Jean Baud, leur père et grand-père, décédé en 1727, à la survivance de cinq enfants.

Du 17 mars 1753.

Devant M° Joseph-François Puech, notaire à Saint-André-de-Majencoules.

Codicille d'Étienne Baud, fils à feu Jacques.

Il donne :

Aux pauvres, 6 livres ;

Au curé, 6 livres ;

Et il nomme pour son héritier, dans le cas où son frère François viendrait à décéder au service, ses deux sœurs, Anne et Marie.

17 mars 1753. — Étienne Baud, âgé de 21 ans, fils de feu Jacques Baud, maître maréchal, et de Suzanne Maffré, décédé à Saint-André.

28 juillet 1753. — Mariage de Louis Baux et de Jeanne Castan. Présents : Son père Louis, et sa mère Constance Voisin. — Il est question de Baptiste Beaux (Jean Baptiste) fils aîné.

Mariage de Louis Beaux et de Jeanne Castan 1753. — L'an 1753 et le 20 août, après la publication des bans du mariage d'entre Louis Beaux, maître maréchal, fils de Louis Beaux, aussi maître maréchal, et de Constance Voisin, d'une part, et Jeanne Castan, fille de feu Joseph Castan et de Clemence Faiolle, d'autre part, ... les avons conjoints en légitime mariage en présence de maître J. Valat, notaire, Jean Baptiste Beaux, Jacques Beaux, frères du nouvel époux, et maître Jacques, procureur d'office, tous habitants sur cette paroisse, excepté Jean Baptiste Beaux, qui habite à Saint Hippolyte.

Baptême de Jean Louis Beaux 1754. — L'an 1754 et le 9 juin, baptême de Jean Louis, fils de Louis Beaux et de Constance Voisin.

Sépulture de Jean Louis Beaux 1754. — L'an 1754 et le 25 juin, nous avons inhumé Jean Louis, fils légitime de Louis Beaux et de Constance Voisin, âgé d'environ un mois. Présents les soussignés : Faiolle, André, sacristain.

Baptême de Louis Beaux 1755. — L'an 1755, et le 25 décembre, nous avons baptisé Louis, fils légitime de Louis Beaux et de Jeanne Castan. Son parrain a été Jacques Valat, et sa marraine Constance Voisin. Présents les soussignées : Baux (pour la première fois, signature sans *e*), Valat, André, sacristain.

15 août 1758. — Contrat de mariage de Jean Beaux, fils de Louis, et de Constance Voisin, avec Louise Grousset, fille de Guillaume, et d'Isabeau Bastide, tous de Lasalle. 300 livres de donation à la future et autant au futur, de la part de son père, présent, ainsi que Baptiste Beaux, frère de l'époux, et Joseph Aubanel.

7 octobre 1758. — Extrait de l'acte passé entre Madame la

baronne de Barre, et Sujol, Étienne, boulanger à Lasalle. Cet
acte donne droit d'appui à Beaux, pour sa maison de forge.

Baptême de Marie Beaux 1759. — L'an 1759 et le 11 novembre, nous avons baptisé Marie, fille légitime de Louis Beaux
et de Jeanne Castan. Son parrain a été Jacques Beaux, son
oncle, la marraine Marie Brugueirolle. Présents les soussignés
Beaux, Beaux, Faiolle, André, sacristain.

MARIAGE :

12 février 1760. — De Pierre Mazot, fils de Pierre, maître
lanetier, et de Suzanne Teissonnière, du Mas-Courrent, paroisse
de Roquedure, avec Anne Baud, fille de feu Jacques, et de
Suzanne Maffré.

Du 26 mai 1760.

*Devant Mᵉ Joseph-François Puech, notaire à Saint-André-de-
Majencoules.*

Testament de Marie Baud, fille à feu Jacques Baud, maréchal,
et de Suzanne Maffré, de Saint-André.

Elle donne :

Aux pauvres, 6 livres ;

A sa mère, Suzanne Maffré, la jouissance de tous ses biens ;

A Suzanne Flavié, sa nièce, une garde-robe et une croix d'or ;

A Jeanne Vassas, de Saint-André, une robe et un jupon ;

A la confrérie du Saint-Sacrement, 6 livres ;

Et comme héritière, Anne Baud, sa sœur.

DÉCÈS :

24 juin 1760. — Marie Baud, fille de feu Jacques Beau,
maître maréchal, et de Suzanne Maffré, décédée à l'âge de
vingt-sept ans, de Saint-André.

NAISSANCE :

21 novembre 1760. — Pierre Mazot, fils de Pierre Mazot,
maître tonnelier, et d'Anne Baud, né à Saint-André.

PARRAIN : Gabriel Mazot, oncle paternel.

MARRAINE : Suzanne Maffré, grand'mère maternelle.

Baptême de Jean Beaux 1760. — L'an 1760 et le 23 novembre, nous avons baptisé Jean, fils légitime de Jean Baux,
maître maréchal, et de Louise Grousset. Son parrain a été Guillaume Grousset, sa marraine Constance Voisin, aïeule du baptême. Présents les soussignés : Beaux, Grousset, Faiolle, André,
sacristains.

22 novembre 1761. — Quittance de Rodier en faveur de Jean Baptiste Beaux, de St-Hippolyte, fils aîné de Louis Beaux, de Lasalle, absent, et représenté par son père.

Du 18 décembre 1761.

Devant M° Joseph-François Puech, notaire à Saint-André-de-Majencoules.

Partage entre :

François Baud, cavalier au régiment de Damas ;

Étienne Flavié, maître maréchal, tuteur de Suzanne Flavié, sa fille, issue de son mariage avec feue Suzanne Baud ;

Anne Baud, femme de Pierre Mazel, du mas Courren, paroisse de Roquedur ;

Lesdits François et Anne, enfants de feu Jacques Baud et de Suzanne Maffré ; qui aurait laissé de plus 4 enfants : Jacques, Étienne, Suzanne et Marie, décédés.

Du 19 février 1762.

Devant M° Joseph-François Puech, notaire à Saint-André-de-Majencoules.

Obligation de 199 livres 19 sols, par Pierre Roussel, menuisier.

A François Baud, brigadier au régiment de Damas et à Marguerite Garillon, sa femme.

Du 27 février 1762.

Devant M° Joseph-François Puech, notaire à Saint-André-de-Majencoules.

Bail à ferme par François Baud, brigadier au régiment de Damas,

A Pierre Sarran, travailleur,

De tous ses biens au prix de 28 livres.

Du 27 février 1762.

Devant M° Joseph-François Puech, notaire à Saint-André-de-Majencoules.

Testament de François Baud, brigadier au régiment de Damas.

Il donne :

Aux pauvres, 3 livres ;

A sa mère, Suzanne Maffré, 3 livres ;

Il nomme, pour héritière, sa femme Marguerite Garillon.

Baptême de Jean Baptiste Beaux 1762. — L'an 1762 et le 26 septembre, nous avons baptisé Jean Baptiste, fils légitime de Jean Baux, maître maréchal ferrant, et de Louise Grousset. Le parrain a été Jean Baptiste Beaux, oncle paternel, la marraine Antoinette Grousset, tante maternelle. Le père, le parrain signés avec nous : Beaux, Beaux, Grousset, André, sacristain.

Du 14 août 1763.

Devant Me Joseph-François Puech, notaire à Saint-André-de-Majencoules.

Quittance par François Beaux, maître maréchal, et Marguerite Garillon, mariés :

A Pierre Roussel, menuisier,

De 199 livres 19 sols.

Baptême de Louise Beaux 1763. — L'an 1763 et le 15 août, nous avons baptisé Louise, fille légitime de Louis Beaux, maître maréchal ferrant, et de Jeanne Castan. Parrain Joseph Beaux, oncle paternel.

Sépulture d'Antoine Beaux 1764. — L'an 1764 et le 10 août, nous avons inhumé dans le cimetière de cette paroisse, Antoine Beaux, âgé d'environ 60 ans, après avoir reçu le viatique. Présents les soussignés : Tardres, Grousset, André, sacristain.

Du 6 novembre 1764.

Devant Me Joseph-François Puech, notaire à Saint-André-de-Majencoules.

Bail à ferme, par Étienne Flavié, maître maréchal, à François Baud, son beau-frère, aussi maître maréchal,

D'une maison pour trois ans, prix 45 livres.

Sépulture de Louise Beaux 1765. — L'an 1765 et le 5 septembre, nous avons inhumé dans le cimetière joignant l'Église : Louis Baux, âgée d'environ 2 ans. Présents les soussignés : Louis Alibert, Dufour, André, sacristain.

Sépulture de Jean Baptiste Beaux 1765. — L'an 1765 et le 17 octobre, nous avons inhumé dans le cimetière joignant l'Église : Jean Baptiste Baux, âgé de 3 ans environ. Présents les soussignés : Tardres, Alibert, André, sacristain.

Du 15 mai 1766.

Devant Me Joseph-François Puech, notaire à Saint-André-de-Majencoules.

Obligation par Pierre Carles, époux de Marie Pesquet,

A Anne Biau, sa belle-mère, veuve Jacques Fesquet, d'Ardaillers,

De 365 livres.

Baptême de Joseph Beaux 1767. — L'an 1767 et le 10 mars, nous avons baptisé Joseph, fils légitime de Louis Beaux et de Jeanne Castau. Le parrain a été Louis Beaux et la marraine Marie Valat. Les soussignés : maréchal ferrant Baux, Beaux, Beau, Blanchier, curé.

Baptême de Anne Beaux 1767. — L'année 1767 et le 30 août, a été baptisée Anne, fille légitime de Jean Beaux, maître maréchal et de Louise Grousset, née le jour d'hier. Son parrain a été Jean Grousset, sa marraine Anne Voisin, signés avec nous et le père : Grousset, Beaux, André, sacristain.

Baptême de Joseph Beaux 1768. — L'an 1768 et le 28 septembre, a été baptisé Joseph, né le 26, fils légitime de Jeanne Castan (*sic*) et de Louis Beaux, maréchal. Le parrain a été Joseph Aubanel, et la marraine Louise Grousset. Ont été présents Jean Bean, son oncle, et Louis Beau, son père, signés avec nous : Louison Groucet, Aubanel, Beaux, Louis Beaux, André, prêtre et vicaire.

Sépulture de Joseph Beaux 1768. — L'an 1768 et le 4 novembre, nous avons inhumé dans le petit cimetière : Joseph Baux, âgé d'un mois et quelques jours. Présents les soussignés : Arman, Beaux, André, sacristain.

Du 19 janvier 1769.

Devant Me Joseph-François Puech, notaire à Saint-André-de-Majencoules.

Vente, par François Baud, maréchal à forge, de Saint-André, et les mariés Pierre Mazot et Anne Baud,

A Pierre Roussel, menuisier,

De pièces de terre ; prix, 600 livres.

Baptême de Pierre Beaux 1769. — L'an 1769 et le 25 mars, nous avons baptisé Pierre, fils légitime de Jean Beaux et de

Louise Grousset. Le parrain a été Pierre Grousset, et la marraine Marion Grousset signés avec nous : P. Grousset, Grousset, Beaux, André, prêtre-sacristain.

Du 21 juillet 1769.

Devant Me Joseph-François Puech, notaire à Saint-André-de-Majencoules.

Vente par les mariés Pierre Mazot et Anne Baud, de Roquedur,

A François Baud, maréchal, de Saint-André,

D'une moitié de maison, au prix de 267 livres 10 sols.

Du 21 juillet 1769.

Devant Me Joseph-François Puech, notaire à Saint-André-de-Majencoules.

Vente par Suzanne Maffré, veuve Jacques Baud, maréchal, de Saint-André,

A Jacques Daudé, cordonnier,

D'une moitié de maison à elle échue de la succession de Jacques Baud, son mari ; prix, 199 livres 13 sols.

15 octobre 1769 et 24 mars 1780. — M. Jean Beaux avait acquis de M. Jean Baptiste Beaux, son frère, Maréchal à forge à Saint-Hippolyte, suivant acte reçu par le dit Me Louis Gaches, notaire, le 15 octobre 1769, une pièce de terre vigne située au quartier du Causse Nègre au prix de 1,000 livres dont une partie du prix fut quittancée au dit acte, et dont le restant, soit la somme de 200 livres, fut quittancé au dit Beaux, suivant acte reçu par le dit Me Gaches, le 24 mars 1780.

Sépulture de Pierre Beaux 1770. — L'an 1770, nous avons inhumé dans le petit cimetière Pierre, fils de Jean Beaux et de Louise Grousset, âgé d'environ 15 mois. Présents les soussignés : Delranc, Grousset, André, sacristain.

Baptême de Joseph Beaux 1771. — L'an 1771 et le 17 février, nous avons baptisé Joseph, fils légitime de Jean Beaux et de Louise Grousset, né le jour d'auparavant. Son parrain a été Joseph Aubanel. Sa marraine Anne Voisin. Le père présent, et autres, qui ont signé avec nous : Beaux, Aubanel, Grousset, André, prêtre-sacristain.

Du 8 janvier 1772.

Devant Me Joseph-François Puech, notaire à Saint-André-de-Majencoules.

Quittance de 120 livres,
Par Jacques Carles d'Ardaillers,
A Anne Biau, veuve Jacques Fesquet, d'Ardaillers.

Sépulture de Joseph Beaux 1772. — L'an 1772 et le 4 septembre, nous avons inhumé dans le petit cimetière : Joseph Beaux, âgé d'environ 17 mois, décédé le jour d'hier. Présents les soussignés : Grousset, Paillier, André, sacristain.

Sépulture de Louis Beaux 1773. — L'an 1773 et le 11 juillet nous avons inhumé dans le cimetière joignant l'Eglise, Louis Beaux, maître maréchal ferrant, âgé de 43 ans ou environ, décédé le jour d'hier après avoir reçu les Sacrements. Présents les soussignés : J. Beaux, Valat, André, sacristain.

Du 11 janvier 1773.

Devant Me Joseph-François Puech, notaire à Saint-André-de-Majencoules.

Testament d'Anne Biau, veuve Jacques Fesquet, d'Ardaillers.
Elle donne :
Aux pauvres, 5 sols ;
A sa fille Marie Fesquet, épouse Teissonnière, 10 livres ;
Elle institue pour ses héritiers : ses enfants, Jacques et Jeanne Fesquet.

12 février 1773. — Testament de Jean Banal, père de Magdeleine Banal, reçu par Me Gay, notaire à Ganges.

Du 28 août 1773.

Devant Me Noyrigat, notaire à Saint-André-de-Majencoules.

Consentement, par Anne Baud, veuve Pierre Mazot et épouse Joseph Piberot, du Sigal,
Au mariage de sa fille, Anne Mazot.

Du 12 septembre 1773.

Devant Me Joseph-François Puech, notaire à Saint-André-de-Majencoules.

Obligation de 108 livres,
Par Jean Berthézène, maréchal à forge, du Mazel,
A François Baud, cavalier de la maréchaussée, résidant à Pézénas.

15 octobre 1773. — Naissance de Pierre, fils de Jean Beaux et de Louise Grousset.

Baptême de Pierre Beaux 1773. — L'an 1773 et le 17 octobre, a été baptisé Pierre Beaux, né le 15, fils légitime de Jean Beaux, maréchal ferrant et de Louise Grousset. Le parrain Jean Beaux, son frère, la marraine Marie Grousset, sa tante, tous signés avec nous, prieur desservant : Beaux, Beaux, M. Grousset, Tuech, prieur desservant.

8 décembre 1774. — Transaction entre Jean Beaux et Théodore Bouvier, concernant la vigne du Causse-Nègre.

* 12 décembre 1774. — Suivant acte reçu par Me Gaches, notaire, le 12 décembre 1774, il intervint une transaction entre Jean Beaux et Théodore Bouvier, concernant la pièce de terre que le dit Beaux possédait au quartier du Causse Nègre près du chemin de Lasalle à Sainte-Croix de Caderles, à l'occasion d'un procès intenté par le dit Beaux au dit Bouvier qui l'avait troublé dans la jouissance d'une source et d'un réservoir que le dit Beaux avait dans sa pièce, et dont le dit Bouvier attirait l'eau dans sa pièce voisine.

Sépulture de Jacques Beaux 1776. — L'an 1776 et le 13 septembre, a été inhumé par nous, curé soussigné, Jacques Beaux, âgé d'environ 8 ans, fils légitime de Jean Beaux, maréchal ferrant, et de Louise Grousset. Tuech, curé archiprêtre.

Baptême de Joseph Beaux 1778. — L'an 1778 et le 9 août, a été baptisé par nous, curé soussigné, Joseph, né le 4, fils légitime de Jean Beaux, maréchal ferrant, et de Louise Grousset. Son parrain a été Jacques Beaux, aussi maréchal ferrant, habitant à Saint Hippolyte, son oncle. Sa marraine, Marie Beaux, sa cousine. Le père, le parrain, la marraine, signés avec nous : Marion Beaux, Beaux, Beaux, Tuech, curé.

Mariage de Louis Roche et de Marie Beaux 1778. — L'an 1778 et le 15ᵉ jour de septembre, nous, curé archiprêtre soussigné, après avoir publié pendant 3 dimanches à notre messe de paroisse les bans des parties sans qu'il soit venu aucun empêchement canonique ou civil, et avoir reçu le certificat de publication de bans en bonne et dûe forme de Monsieur Campredon, curé et archiprêtre d'Anduze, avons solennellement conjoint en légitime mariage Louis Roche, âgé de 26 ans, maître cordier, fils, et Marie Beaux, âgée de 19 ans, fille légitime de Louis Beaux, maître maréchal et de Jeanne Castan, procédant au dit mariage du consentement de sa mère, comme il conste par l'acte de mariage reçu par Mᵉ Viala, notaire du dit Lasalle. Ont été présents au dit mariage : Jean Beaux, maître maréchal ferrant, oncle de l'épouse, Jean Beaux, fils du dit Beaux aussi maréchal, Sieur Jacques Valat, procureur jurisdictionel, habitants de Lasalle, et François Roche, frère de l'époux, habitant de la ville d'Anduze. Tous ont signé avec nous et les époux : Marion Beaux, Louis Roche, Valat, Beaux, Roche, Moinier, Grousset, Beaux, Augier, Tuech, curé.

23 juin 1779. — Suivant acte reçu par le dit Mᵉ Bouzanquet, notaire, le 23 juin 1779, la Dame Marie Voisin, épouse de Antoine Arcaïs, vendit à Louis Beaux un courtil et une écurie dépendants de la maison que la dite Dame possédait à Lasalle, moyennant 199 livres 10 sols, quittancés au dit acte par la dite Dame Arcaïs.

Sépulture de Joseph Beaux 1779. — L'an 1779 et le 30 juillet, a été inhumé par nous, curé soussigné, Joseph Beaux, décédé ce matin à 2 heures, à l'âge d'environ 1 an, fils légitime de Jean Beaux, maréchal ferrant, et de Louise Grousset. Tuech, curé archiprêtre.

Baptême de Louis Jacques Beaux 1779. — L'an 1779 et le 22 août, a été baptisé par nous, curé soussigné, Louis Jacques, né le 17 du même mois, fils légitime de Louis Beaux, maréchal ferrant, et d'Angélique Moinier. Le parrain a été Jacques Moinier, ménager, son oncle, et la marraine Jeanne Castan, veuve de Louis Beaux, sa grand-mère. Le père, le parrain et mademoiselle Louise Costier ; Clerc, tonsuré et Jean Beaux, maréchal ferrant signés avec nous : Louis Beaux, Moinier, Beaux, Coustier, Clerc, Tuech, curé archiprêtre.

Baptême de Louise Elisabeth Beaux 1780. — L'an 1780 et le 10 mars, nous curé soussigné, avons baptisé Louise Elisabeth, née la veille, fille légitime de Jean Beaux, maréchal ferrant, et de Louise Grousset. Son parrain a été Sieur Pierre Vernet, et sa marraine Elisabeth Tardrès. Le père, le parrain signés, avec nous : Beaux, Vernet, Tuech, curé.

26 avril 1780. — Suivant acte reçu par le dit Me Gaches, le 26 avril 1780, il y eut entre le dit Jean Beaux et le Sieur Jean Durand représentant Jean Salles, dont il était acquéreur, une transaction relative à l'augmentation de la pension foncière de 40 livres formant le prix de la vente de la pièce de la terre baillée à locatairie perpétuelle par le dit Salles au dit Louis Beaux, dans l'acte de vente du 9 janvier 1743, devant Me Bouzanquet, notaire.

Baptême de Joseph Beaux 1781. — L'an 1781 et le 18 février, nous, prieur de Saint Bonnet, du consentement de M. le curé de Lasalle, avons baptisé Joseph, né le 16, fils de Louis Beaux, maréchal ferrant, et d'Angélique Moinier. Le parrain, Louis Roche, de la ville d'Anduze. La marraine, Suzanne Hébrard. Beaux, Roche, Bourra, prieur.

1781-1782. — Quittance par Moïse Deshous à Louis Beaux : id. par Jean Soulier.

L'an 1782, et le 12 du mois de février, après trois publications faites à la messe paroissiale de St. Hippolyte, au diocèse d'Alais, pendant 3 dimanches ou fêtes, consécutifs, savoir le 2, le 3 et le 10 du courant, sans aucune opposition, comme il nous est apparu par le certificat signé Delord, curé, les trois publications ayant été faites en trois jours à la messe paroissiale de St-Bonnet, et les parties contractantes ayant obtenu de l'ordinance la dispense de parenté qui se trouve entre elles : Jean Baptiste Beaux, fils légitime d'autre, Maréchal ferrant, habitant de la place de Ville, et de Marie Baïlle, a épousé selon les vœux de l'église, en présence de nous soussignés, et des témoins ci-après nommés : Jeanne Baïlle fille légitime de Jean Baïlle travailleur de terre et de Marie Voisin, demeurant actuellement à la paroisse de Vabres, diocèse d'Alais, les témoins ont été Jean Baptiste Beaux, père de l'époux, Jacques Beaux Maréchal ferrant, habitants de la ville de St. Hippolyte, Jean Beaux Maréchal ferrant du lieu de Lasalle, diocèse d'Alais, ses oncles paternels, sieur Joseph Aubanel ménager, habitant de St-Bonnet, signés avec nous et les nouveaux mariés.

Baptême d'Angélique Beaux 1783. — L'an 1783 et le 1ᵉʳ janvier, nous, vicaire soussigné, avons baptisé Angélique (morte 12 jours après) née hier, fille légitime de Louis Beaux, maréchal ferrant, et de Angélique Moinier. Le parrain a été Jacques Périer, menuisier, et la marraine Marie Gibelin, signés avec nous. Le parrain a dit ne savoir signer, de ce requis. Beaux, Gibelin, Hestor, vicaire.

Baptême de François Jacques Beaux 1784. — L'an 1784 et le 2 février, nous, vicaire soussigné, avons baptisé François Jacques, fils légitime de Louis Beaux, maréchal ferrant, et de Angélique Moinier, né hier. Son parrain a été Jacques Valat, procureur jurisdictionel. Sa marraine Louise Vallat, épouse de François Causse, habitant de Ganges. Le père, le parrain signés, avec nous : Beaux, Valat, Portalès, vicaire.

1785. — Quittance à Jean Beaux par Antoine Beaux.

* *22 janvier et 31 décembre 1785.* — Suivant un acte reçu par Mᵉ Gaches, notaire à Lasalle, le 22 janvier 1785, Jean Beaux acquit d'Antoine Pons une pièce de terre appelée Coste de l'Euze, ou Nibles, au quartier de Landrigou, en nature de chatanet, vigne, mûriers et peu de pré avec un petit bâtiment rural, au prix de 1,900 livres, dont une partie fut quittancée au dit acte, et dont le restant fut quittancé au dit Jean Beaux, suivant acte reçu par le dit Gaches, notaire, le 31 décembre 1785.

18 octobre 1785. — M. Jean Beaux se maria avec la Demoiselle Marie Madeleine Banal de la commune de Saint Bauzile du Putois, Canton de Ganges, et dans son contrat de mariage reçu par Mᵉ Gay, notaire à Ganges, le 18 octobre 1785, la future épouse se constitua la somme de 1000 livres qui lui avait été léguée par le Sieur Jean Banal, son père, pour lui tenir lieu de sa légitime paternelle, dans son testament reçu par le dit Mᵉ Gay, notaire, le 12 février 1773.

L'an 1785, le 20 novembre a été baptisée Anne, née le jour d'hier, fille légitime de Jean Baptiste Beaux, et de Jeanne Baïlle, le parrain Joseph Aubanel, la marraine Anne Voisin, sa tante maternelle.

Baptême de Suzanne Angélique Beaux 1785. — L'an 1785 et le 8 décembre, nous, curé archiprêtre soussigné, avons baptisé Angélique Suzanne Beaux, née ledit jour, fille légitime de Louis Beaux, maréchal ferrant, et d'Angélique Monier. Son parrain a été Jacques Périer, menuisier, sa marraine Suzanne Hébrard. Le père signé avec nous : Beaux, Tuech, curé archiprêtre.

Nota. — Les Sieurs Jean Beaux signent très souvent les actes de mariages et de sépulture sous cette dénomination : Les Sieurs Jeans Beaux, père et fils, maréchaux ferrants, ont été présents. En 1786, l'un de ces Jean est signalé comme gendre de Guillaume Grousset, décédé à l'âge de 77 ans.

Du 1er décembre 1786.

Devant Me Noyrigat, notaire à Saint-André-de-Majenccules.

Consentement, par Toinette Biau et Antoine Tassé, mariés, de Ganges,

Au mariage de leur fils, Louis Tassé, avec Marie Arnal, de Bez.

L'an 1787, le 17 du mois de janvier, a été baptisé Jean Baptiste, né le jour d'hier, fils légitime de Jean Baptiste Beaux ménager, et de Jeanne Baïlle ; le parrain a été Jean Baïlle, son oncle maternel, la marraine Marianne Valat de la ville de St. Hippolyte. Le père et le sieur Joseph Aubanel signés avec nous, le parrain et la marraine ont dit ne savoir signer, de ce requis.

Baptême de Jean Beaux 1787. — L'an 1787 et le 26 mars, nous, curé archiprêtre soussigné, avons baptisé Jean, né hier, fils légitime de Jean Beaux, maréchal ferrant, et de demoiselle Marie Magdeleine Banal. Son parrain a été Sieur Jean Beaux, son grand père. Sa marraine Marianne Ginoulhiac, veuve de Sieur Jean Banal, du lieu de Saint-Bauzille du Putois, au Diocèse de Montpellier, sa grand-mère maternelle. Le père, le parrain, la grand-mère signés avec nous : Beaux, Ginoulhac, Beaux, Grousset de Beaux, Tuech, curé archiprêtre.

Baptême de Marie Beaux 1787. — L'an 1787 et le 19 septembre, nous, curé soussigné, avons baptisé Marie, née ledit jour, fille légitime de Sieur Louis Beaux, consul, maréchal ferrant, et d'Angélique Monier. Le parrain a été sieur Jean Beaux, maréchal ferrant, son grand oncle, et la marraine Marie Beaux, épouse du sieur Louis Roche, habitant d'Anduze, cordier. Le père, le parrain et la marraine signés avec nous : Beaux, Beaux, Beaux, Roche, Tuech, curé.

Baptême de Jean Pierre Grousset 1787. — Fils de Jean Grousset, maréchal ferrant, et de Jeanne Itier. Le parrain a été Pierre Beaux. Signé : Beaux, Tuech, archiprêtre.

Sépulture de Suzanne Angélique Beaux 1788. — L'an 1788 et le 10 mars, nous, curé soussigné, assisté de M. Maurel, notre vicaire, avons inhumé Suzanne Angélique Beaux, âgée de deux ans, fille légitime du Sieur Louis Beaux, maréchal ferrant, et second consul, et d'Angélique Monier. Ont été présents Sieurs Jean Beaux, maréchal ferrant et Jean Beaux, aussi maréchal ferrant, tous habitants de notre paroisse. Signés avec nous : Beaux, Beaux, Tuech, curé archiprêtre.

L'an 1788, et le 27 du mois de mars, a été baptisé Joseph, né le jour d'hier, fils légitime de Jean Baptiste Beaux, ménager, et de Jeanne Baïlle, habitants de cette paroisse ; le parrain a été Joseph Aubanel, la marraine Anne Voisin, son arrière grand-tante, le père de l'enfant et le parrain signés avec nous, la marraine a dit ne savoir signer, de ce requis.

L'an 1788 et le 4 août, a été inhumé dans le cimetière de cette paroisse, Joseph, âgé d'environ cinq mois, fils légitime de sieur Jean Baptiste Beaux, ménager, et de Jeanne Baïlle, présents Jean Baptiste Beaux et sieurs Joseph Aubanel, signés avec nous.

1788-89. — Quittance à Jean Beaux par Cabanis. Vente à Louis Beaux par Marie Voisin d'une maison à Gravière. Testament de Jeanne Beaux.

Signatures 1788. — Présence et signatures de Jean Beaux, père et fils, maréchaux ferrants, à 3 mariages, en septembre et décembre 1788. Beaux, Beaux, Tuech, curé.

L'an 1789, le 18 avril, a été inhumé dans le cimetière de cette paroisse Marianne Baïlle, fille de Jean Baïlle travailleur de terre, fille de Marie Voisin, femme de Jean Bissière fermier du domaine de Boissières situé dans cette paroisse, sieur Joseph Aubanel et Jean Baptiste Beaux signés avec nous.

L'an 1789 et le septième du mois de juin a été baptisé François, fils légitime et naturel de sieur Jean Baptiste Beaux, ménager, et de Jeanne Baille, mariés, né le même jour, le parrain sieur Joseph Aubanel, la marraine, Anne Voisin sa grand-tante, le parrain et le père de l'enfant signés avec nous, la marraine a dit ne savoir signer.

Baptême de Louise Françoise Beaux 1789. —L'an 1789 et le 19 juin, nous, curé archiprêtre soussigné, avons baptisé Louise Françoise, née le 18, fille légitime de Sieur Jean Beaux, maréchal ferrant, et de Madeleine Banal. Le parrain a été François Beaux, son oncle, sa marraine Louise Grousset, épouse de Sieur Jean Beaux, sa grand-mère. Le père, le parrain et la marraine signés avec nous : Beaux, Beaux, Grousset, Tuech, curé.

Sépulture de Jeanne Beaux 1789. — L'an 1789 et le 29 juillet, nous, curé soussigné, avons inhumé Jeanne Beaux, veuve de Joseph Fourcail, tonnelier, âgé d'environ 60 ans. Tuech, curé archiprêtre.

Signatures 1789. — Quatre signatures de Jean Beaux, maréchal ferrant, assistant comme témoin à quatre sépultures faites par Messire Tuech, curé archiprêtre de Lasalle.

Baptême de Marie Françoise Beaux 1790. — L'an 1790 et le 17 janvier, baptême de Françoise, fille de Louis Beaux, maréchal ferrant, et d'Angélique Moinier, dont le décès est ci-dessous. Beaux, Tuech, curé.

Baptême de Jean François Beaux 1790. — L'an 1790 et le 23 septembre, nous soussigné, avons baptisé Jean François, né le jour précédent, fils légitime de Sieur Jean Beaux, maréchal ferrant, et de Madeleine Banal. Le parrain a été Jean François Banal, son oncle, étudiant, habitant à Saint Bauzille, Département de Montpellier. Sa marraine Élisabeth Bastide, veuve de Guillaume Grousset, sa bisayeule. Le père, le grand père, le parrain signés avec nous : Beaux, Banal, Tuech, curé.

1791. — Cession à Louis Beaux par Jean Mourier.

Signature et désignation 1791. — L'an 1791 et le 30 janvier, nous, vicaire soussigné, avons baptisé....... Le parrain a été Sieur Jean Beaux, maréchal ferrant, signé avec nous : Beaux, Tuech.

Signatures 1791. — L'an 1791 et le 18 mai, nous vicaire

soussigné............, avons conjoint en légitime mariage...........
Ont été présents à ce mariage Sieur Pierre Beaux, tailleur d'ha-
bits, Jean Beaux, maréchal ferrant signés avec nous : Beaux,
Beaux....., Maurel, vicaire.

13 septembre 1791. — Testament de Jean Beaux, père, époux
de Louise Grousset. Estimation de ses biens.

Sépulture de Françoise Beaux 1791. — L'an 1791 et le 6
octobre, nous, curé soussigné, avons inhumé dans..... Françoise Beaux, fille légitime de Louis Beaux, maréchal ferrant, et
d'Angélique Moinier, décédée à l'âge d'environ deux ans. Tuech,
curé.

Sépulture de Jean Beaux 1791. — L'an 1791 et le 13 octobre, nous, vicaire soussigné, avons inhumé Jean Beaux, époux
de Louise Grousset, maréchal ferrant, décédé le jour précédent
dans sa 58e année. Ont été présents..... signés avec nous : Martin,
vicaire.

20 octobre 1791. — Inventaire des meubles, etc., de feu Jean
Beaux, époux de Louis Grousset, par devant son frère Jacques,
de S. Hippolyte, sa veuve Louise Grousset, et ses quatre
enfants, Jean, François, Pierre, et Louise Élisabeth.

L'an 1791 le 22 mai a été inhumé dans le cimetière de cette
paroisse Jean Baptiste Beaux, du mas de Sémièges, ménager,
âgé d'environ 32 ans, présent Joseph Aubanel.

11 janvier 1792. — Suivant acte reçu par Me Isaac Cabanis,
notaire, le 11 janvier 1792, le dit Jean Beaux se racheta de la
rente foncière de 41 livres 10 sols qu'il devait aux Sieurs Jean
Durand père et fils, à raison de la maison et autres biens fonds
que le Sieur Pierre Salles du Campel avait baillés à titre de
locatairie perpétuelle à Louis Beaux, suivant contrat reçu par
Me Bouzanquet, notaire, le 9 janvier 1743.

Baptême de Jean Beaux 1792. — L'an 1792 et le 29 janvier,
nous, curé soussigné, avons baptisé Jean, né le 27, fils légitime
de Sieur Louis Beaux, maréchal ferrant, et d'Angelique Moinier.
Le parrain a été..... Le père s'est signé avec nous : Beaux, Tuech,
curé.

7 mars 1792. — Le Sieur François Beaux, demeurant à
Lasalle fit son testament devant Me Isaac Cabanis, notaire, le

7 mars 1792, par lequel il légua à Louise Grousset, sa mère, veuve de Jean Beaux, la jouissance de ses biens, et institua pour son héritier universel Jean Beaux, son frère.

Signature 1792. — L'an 1792 et le 9 mai, nous, curé soussigné, avons baptisé Marie Tiers..... Le parrain a été Pierre Falguerote, de Rhodez, Aveyron, représenté par Sieur Jean Beaux, maréchal ferrant signé avec nous : Beaux, Tuech, curé.

Sépulture de Joseph Beaux 1792. — L'an 1792 et le 11 mai, nous curé soussigné, avons inhumé Joseph Beaux, décédé le jour précédent, à l'âge de 10 mois, fils de feu Jean Baptiste Beaux, ménager, et de Jeanne Baile, son épouse. Présents à la sépulture Louis Beaux, maréchal ferrant, et Louis Cruveille signés avec nous : Beaux, Tuech, curé.

Du 5 août 1792.

Devant M° Noyrigat, notaire à Saint-André-de-Majencoules.

Obligation par Marie Abric, veuve Jacques Teissier, du Villaret, A Marie Biau, épouse André Favre, fabricant de bas, au Vigan, De la somme de 300 livres.

Signature 1792. — Le 30 décembre 1792, l'an 1er de la République française, devant nous, officier public de la Commune de Lasalle, s'est présenté N..... assisté de..... et de Louis Beaux, maréchal ferrant, tous habitants du dit Lasalle. Signé : Beaux.

29 germinal 1793 vieux style. — Le citoyen Louis Beaux, *maréchal* ferrant (*sic*) déclare la naissance d'une fille, dont Angélique Moinier, son épouse est accouchée, et lui donne le prénom de Pensée.

3 avril 1793. — Naissance de Louise Beaux, fille de Jean Beaux, *maréchal* à forge, et de Madeleine Banal.

1793. — Transaction entre Justin Beaux et Louis Dumas.

24 juillet 1794 (24 messidor an II). — Suivant un acte du 24 messidor an II de la République, reçu par M° Pellet, notaire, le dit M° Jean Beaux procéda avec le Sieur Jean Bruguier, de Lasalle, au partage du *ci-devant* château inférieur de Saint-Bonnet, ayant appartenu à *l'émigré Vissec* (de la famille des Marquis de Ganges), château qu'ils avaient acquis au prix de 21,000 francs devant l'administration du district de Saint-Hippolyte.

24 messidor An II. — Partage entre Jean Beaux et Jean Bruguier, de Lasalle, du Château inferieur de S-Bonnet.

9 nivose An III. — Vente par Jean Beaux et Jean Bruguier, à Jacques Viala, tous de Lasalle, du Château ci-dessus.

28 pluviose An III. — Quittance par Jean Bruguier à Jacques Viala.

1795. — An III. — Époque probable de la mort de François Beaux, à l'armée d'Italie, d'après ce qu'indique le contrat de mariage de sa sœur Louise avec Ravès. (1798 An VI.)

12 fructidor (An IV de la République). — Naissance de Charles Beaux, fils de Louis Beaux, maréchal, et d'Angélique Moinier.

11 nivose An V de la République. — Contrat de mariage de Pierre Beaux, fils de feu Jean Beaux et de Louise Grousset, né le 15 octobre 1773, tailleur d'habits,
— et de Jeanne Bruguier, fille de Jacques Bruguier et de Jeanne Delranc, née le 19 novembre 1773.
Témoins : François Dumas, ancien marchand, Jean Vièles, faiseur de bas, François Alméras, tailleur, Jean Toureille, cultivateur, tous de Lasalle.

6 février 1797 (L'an V de la République, et 6 pluviose). — Transaction entre Jean Beaux, maréchal, et Pierre Beaux, son frère.
Il est question du mariage que leur père Jean Beaux avec Louise Grousset, reçu le 15 août 1758 par Me Martial (prédécesseur de Me Viala) et dont les minutes sont en ma possession, Il y eut 4 enfants de ce mariage : Jean, François, Pierre, et Louise Élisabeth.
Le fils Jean contracta mariage avec Marie Madeleine Banal de Saint Bauzille du Putois. Jean son père, aurait fait son testament devant Me Pellet, notaire à Lasalle, le 13 septembre 1791. La transaction intervient à la suite.

21 germinal (An V de la R.). — Mariage de Pierre Beaux, tailleur d'habits, fils de *Jean* Beaux, maréchal à forge, et de Louisse Grousset, avec Jeanne Bruguier.

25 germinal An V. — Déclaration de mariage de Pierre Baux et de Jeanne Brugier.

4 prairial (*An V de la R.*). — Naissance d'Elisabeth Rosalie, fille de *Jean* Beaux, maréchal à forge, et de Madeleine Banal.

19 brumaire An VI. — Contrat de mariage de François Ravès, fils de Michel, maçon, et de feue Jeanne Voisin, de Monoblet, avec Louise Élisabeth Beaux, fille de feu Jean, et de Louise Grousset, de Lasalle. Présents : Jean Beaux, frère aîné de l'épouse ; Jean Grousset son oncle ; Simon Tardres, tailleur, son oncle ; Pierre Beaux, tailleur, son oncle ; et Louise Grousset, sa mère.

2 nivose (*An VI de la R.*). — Naissance de *Jeanne* Beaux, fille de Pierre Beaux, tailleur d'habits, et de Jeanne Bruguier, (ici une signature sans la lettre *e*, Baux).

6 nivose 1798 (*An VI*). — La Demoiselle Louise Elisabeth Beaux se maria avec François Ravès, maçon, de la commune de Monoblet, et dans son contrat de mariage reçu par Mᵉ Isaac Cabanis, notaire, l'an VI de la République, la Demoiselle Beaux, future épouse, se constitua en dot la somme de 1,500 francs qui lui était dûe par le Sieur Jean Beaux, son frère, à laquelle somme ils avaient amiablement réglé et fixé le montant des droits légitimaires paternels et maternels de ladite Demoiselle Beaux, fiancée, et sa portion en la succession à François Beaux, leur frère, décédé à l'armée d'Italie, il y avait environ 3 ans.

6 nivose (*An VI de la R.*). — Mariage de François Ravès, maçon, et de Louise Elisabeth Beaux, fille de *Jean* Beaux, quand vivait, *maréchal* à forge, et de Louise Grousset.

29 prairial (*An VI de la R.*). — Décès de Charles Beaux, fils de Louis Beaux, *maréchal,* mort âgé de vingt mois. (Sans autre désignation.)

10 frimaire (*An VII de la R.*). — Naissance de Pierre Beaux, fils d'autre Pierre Beaux, tailleur, et de Jeanne Bruguier.

3 floréal (*An VII de la R.*). — Naissance d'Hippolyte Beaux, fils de Louis Beaux, *maréchal,* et d'Angélique Moinier.

25 pluviose (*An VIII de la R.*). — Naissance de *Jean* Auguste Beaux, fils de *Jean* Beaux, *maréchal,* et de Madeleine Banal.

16 germinal (*An X de la R.*). — Décès de Louis Beaux, maréchal à forge, décédé à sept heures du soir, âgé de quarante six ans, fils de Louis, et de Jeanne Castan, né en 1755.

19 fructidor (An X de la R.). — Décès de Pierre Beaux, cabaretier, âgé de vingt huit ans. (Sans autre.)

1800. — 1° Il y a une vente par Louis Beaux à son fils Louis Beaux : 2° un testament de Louis Beaux, époux Mourier qui laisse 8 enfants ; 3° un inventaire des biens de ce Louis Beaux.

1800-1801. — Quittance à Louis Beaux par Jean Mourier.

27 août 1801 (27 thermidor An IX). — Quittance faite par François Ravès à Jean Beaux, son beau-frère.

1802. — Il y a un mariage de Louis Beaux avec Anne Beaux.

Le 9 messidor, an 12° de la République, a été béni le mariage de Louis Beaux, maréchal à forge, fils légitime de feu autre Louis Beaux, aussi maréchal à forge, et de Angélique Moinier, habitant de la Commune de Lasalle, et Citoyenne Anne Beaux, fille légitime de Jeanne Baille, habitant de Sémièges. Lesquelles parties ont dit contracter mariage devant Viala notaire.

Du quel il résulte que Louis Beaux, a traité du consentement de la dite Moinier sa mère, et la Dite Anne Beaux, du consentement de la dite Baille sa mère, et encore de celui d'Anne Voisin sa grand-tante, veuve de Joseph Aubanel.

Le tout fait et lu aux époux, en présence des citoyens Pierre, et autre Pierre Sujol père et fils, agriculteurs, et Edouard Vernet, propriétaire foncier.

21 messidor (An XIII de la R.). — Décès d'Anne Beaux, âgée d'un jour, fille de Louis Beaux, *maréchal* à forge, et d'Anne Beaux (*sic*).

21 janvier 1805. — Baptême de Jules Beaux, fils de Sieur *Jean* Beaux, maréchal, et de Madeleine Banal.

* *26 mars 1805 (26 ventose An XIII).* — M. Jean Beaux avait acquis la maison de la Croix et dépendances avec le jardin et pièce de terre au derrière, de M. Pierre Donnadieu, ancien capitaine d'infanterie, au prix de 11,000 francs, suivant acte reçu par Me Pellet, notaire, le 26 ventôse an XIII. Cet acte donne à M. Beaux le droit d'avoir un ponceau sur le canal qui conduit les eaux de la rivière au moulin de Roque ou de Cornély, pour communiquer de son jardin à ladite rivière.

29 mars 1805 (29 nivose An XIII). — Acquisition de la maison Donnadieu, au quartier de la Croix.

17 avril 1806. — Mariage entre Jean Ollivier et Demoiselle Marie Grégoire.

23 avril 1807. — Baptême de *Jean* Louis, fils de Sieur Louis Beaux et d'Anne Beaux *(sic)*.

5 mai 1807. — Décès d'Anne Beaux, épouse de Louis Beaux, *maréchal* à forge, née à Saint Bonnet.

24 septembre 1807. — Baptême de Marie Adelaïde, fille de Sieur Jean Beaux et de Madeleine Banal.

15 octobre 1807 et 21 janvier 1808. — M. Jean Beaux, suivant acte reçu par Mᵉ Pellet, notaire à Lasalle, le 15 octobre 1807, acheta de Jean Roque, de Lasalle, le moulin appelé Moulin de Cornély ou de Roque, ainsi que la prairie, jardin, mûriers et fruitiers en dépendant, au prix qui serait fixé par Monsieur Guion, arpenteur que les parties nommèrent pour arbitre et expert. Le dit Jean Beaux fit cette acquisition pour le compte de M. Louis des Hours de Calviac, auquel il en passa vente devant le dit Mᵉ Pellet, notaire, le 21 janvier 1808, au prix de 24,600 francs.

* *19 novembre 1808 et 30 novembre 1811.* — Suivant acte reçu par Mᵉ Pellet, notaire, le 10 novembre 1808, Monsieur Jean Beaux acquit de M. Marc Antoine Durand, de Lasalle, la maison servant d'auberge à l'enseigne de la Coupe d'Or, le grenier à foin, la terre au derrière, en nature de souche de vigne, mûriers et fruitiers, au prix de 11,000 francs qui furent payés par le dit Beaux, acquéreur, suivant quittance reçue par le dit Mᵉ Pellet, notaire, le 30 novembre 1811.

1809. — Il y a un inventaire des biens de ce Louis Beaux, maréchal à forge, comme son père.

1811. — Il y a un mariage d'Angélique Beaux avec Augustin Fort.

* *13 avril 1811.* — M. Jean Beaux se maria avec la demoiselle Marie-Madeleine Grégoire, de la commune de Valflaunès, Canton de Claret, et dans son contrat de mariage reçu par Mᵉ Despuech, notaire à Saint-Hippolyte, et déposé dans les minutes de Mᵉ Pelle, notaire à Lasalle, le 13 avril 1811, M. Grégoire, père, fit donation à sa fille de la somme de 9,500 francs, et la future épouse se constitua de son chef la somme de 500 francs provenant de Jeanne Pepin, sa mère. M. Jean Beaux, père du futur époux, fit donation à ce dernier du quart par préciput et hors part de tous ses biens présents et à venir, et lui donna la jouissance d'un logement dans la maison qu'il avait achetée de M. Donnadieu.

Dans le même acte, il fut stipulé une Société entre MM. Beaux, père et fils, pour la profession de maréchal à forge, à moitié profits et pertes.

8 mai 1811. — État des outils de Beaux, père.

* 27 juillet 1811. — Suivant un autre acte reçu par Mᵉ Pellet, notaire, le 27 juillet 1811, le dit Jean Beaux acheta de M. Joseph Marie Charpentier, de Lasalle, la pièce de terre vigne, située au quartier de Batailloles ou de Fabreguettes, commune de Lasalle, au prix de 300 francs.

10 août 1811. — Mariage de François Auguste Fort avec Angélique Beaux (sans plus). Signés : Jean Beaux et François Beaux.

* 29 septembre 1811. — Et suivant une transaction reçue par Mᵉ Pellet, notaire à Lasalle, le 29 septembre 1811, le sieur Jean François Banal, frère de la dite Marie Madeleine Banal, reconnut devoir à cette dernière à titre de supplément de légitime, la somme de 200 francs que le dit Banal promit de compter à sa sœur dans 4 ans, avec intérêt, et les dits Jean Beaux et Marie Madeleine Banal, mariés, renoncèrent à lui faire aucune réclamation au sujet de la succession paternelle et maternelle.

30 novembre 1811. — Quittance par Marc Antoine Durand à Jean Beaux pour l'acquisition de la maison de la Coupe d'Or.

23 décembre 1812. — Baptême de Marie Madeleine, fille de Jean Beaux et de Madeleine Grégoire.

5 avril 1815. — Naissance de Fulcrand Beaux.

9 août 1815. — Baptême de *Jean* Fulcrand, fils de Sieur Jean Beaux et de Madeleine Grégoire.

21 février 1816. — Mariage de *Jean* Baptiste Beaux et de Marie Priscille, domiciliés à Saint Bonnet.

19 septembre 1816. — Bail en payement, par Banal Jean Baptiste, en faveur de Jean Beaux, son beau-frère, et de Marie Magdeleine Banal, sa sœur.

23 septembre 1818. — Extrait de naissance de Rosine Favier, épouse de Fulcrand Beaux.

7 mai 1819. — Baptême d'Auguste Ferdinand, fils de *Jean* Beaux et de Madeleine Grégoire.

8 mai 1820. — Permission d'appui, accordée par Jean Beaux à Paul Roque, pour la maison achetée à Donnadieu.

18 juillet 1821. — Le dit Jean Beaux, fils aîné, demeure autorisé à exiger le paiement de la somme de 3,000 francs due à l'héritier du père commun par le sieur Jean Louis Aliger, maçon, de Lasalle, pour pareille qu'il reçut du dit Beaux, père, dans son contrat de mariage avec Rosalie Beaux, passé devant Mᵉ Pellet, notaire, le 13 juillet 1821, et qui revint au dit Beaux, père, donateur, par le prédécès de la dite Rosalie Beaux, sa fille, sans postérité. Six enfants étaient issus du mariage de Jean Beaux avec Madeleine Banal.

18 juillet 1821. — Mariage entre Jean Louis Aliger et Demoiselle Rosalie Beaux.

17 février 1822. — Baptême de Jules Ferdinand, fils de *Jean* Beaux et de Madeleine Grégoire. Parrain et marraine Jules Beaux et Adélaïde Beaux.

16 novembre 1822. — Bail, ferme et procuration par Beaux, père, en faveur de Jean et Auguste, ses fils.

* *16 novembre 1822 - 13 avril 1826 et 9 octobre 1833.* — M. Jean Beaux, père, décéda à Lasalle le 13 avril 1826 après avoir fait son testament devant Mᵉ Cabanis, notaire du dit Lasalle, le 16 novembre 1822, et dans ce testament il fait le partage de la pré-succession de ses biens entre ses enfants : il légua à M. Jean Beaux et à M. Jean Auguste Beaux, ses enfants premiers nés, ses entiers biens immeubles à la charge par eux de payer à ses autres enfants, lorsqu'ils auraient atteint leur majorité, ou plus tôt, lorsqu'ils se marieraient, et à chacun d'eux, la somme de 4000 francs pour leurs droits paternels. Il légua à la dame Madeleine Banal, son épouse, la pension viagère de 300 francs. Cette dernière décéda à Lasalle le 9 octobre 1833.

1ᵉʳ janvier 1824. — Accord entre Jean et Auguste.

9 avril 1824. — Sépulture de Rosalie Beaux, épouse de Jean Louise Aliger, maçon, décédée à vingt sept ans.

14 avril 1824. — Quittance et décharge de 2600 francs par Jean Beaux, père, en faveur de Jean et Auguste, ses fils.

20 juin 1826. — Mariage de *Jean* Louis Pagès, maçon, avec Françoise Beaux. Signés au registre : Pierre Beaux, Jules Beaux.

14 août 1826. — Sépulture de *Jean* Beaux, décédé à l'âge de soixante trois ans (sans plus). (Dans d'autres notes, il y a ce décès le 13 avril 1826, lequel est le vrai ? ou bien y a-t-il eu 2 décès, de 2 Jean ?...)

9 janvier 1827. — Mariage de Sieur Etienne Calvet de Sauves avec demoiselle Adelaïde Beaux (sans plus).

* *6 février 1827*. — Suivant acte reçu par Me Cabanis, notaire, le 6 février 1827, il fut procédé au partage de la succession du dit Jean Beaux, père, entre ses enfants : Jean Beaux, fils aîné, Jean Auguste Beaux, Louis Beaux, Jules Beaux et Marie Adélaïde Beaux, épouse d'Étienne Galderic Calvet, propriétaire, domicilié à Sauve.

Dans cet acte, pour remplir Jean Beaux, fils aîné, de ses droits tant préciputaires qu'héréditaires, il lui fut attribué : 1° l'entière maison acquise de M. Donnadieu, la cour, l'enclos et le jardin au derrière, et 2° la pièce de terre vigne appelée la Bousquette au quartier du Causse Nègre, à la charge par lui de payer à la Dame Calvet, sa sœur, la somme de 4000 francs qui lui avait été léguée par son père.

Pour remplir le dit Jean Auguste Beaux de ses droits dans la succession paternelle, il lui fut attribué : 1° la maison acquise de Durand, servant d'auberge, à l'enseigne de la Coupe d'Or, la cour au derrière,

2° La terre en mûriers, fruitiers et vigne au derrière,

et 3° la pièce de terre jardin, vigne, fruitiers et mûriers située au quartier de Causse Nègre.

A la charge par ledit Jean Auguste Beaux de payer aux dits Louis et Jules Beaux, ses frères, et à chacun d'eux, la somme de 4000 francs qui leur avait été léguée.

Chacun des enfants devait contribuer dans la proportion de droit au paiement des reprises de la Dame Madeleine Banal, leur mère, et à celui de la pension viagère de 300 francs, léguée par son mari.

10 octobre 1828. — Bail à titre de ferme de Jean Beaux à son beau-frère Jean Olivier.

21 octobre 1828. — Quittance de 4000 francs par Calvet en faveur de Jean Beaux, son beau-frère.

21 octobre 1828. — Cette somme fut payée au dit Calvet par Jean Beaux, son beau frère, suivant acte reçu par le dit Me Cabanis, notaire, le 21 octobre 1828.

22 mars 1829. — Vente d'un lopin de terre-vigne au quartier de Batatides, par Jean Beaux à David Galtier.

6 janvier 1830. — Sépulture de *Jean* Louis Beaux, âgé de vingt-deux ans, fils de Louis Beaux et d'Anne Beaux (*sic*).

5 mai 1830. — Vente d'Auguste à son frère Jean, pour sa portion de la filature.

9 mai 1830. — Obligation en faveur de Louis Leblanc Roullet par Jean Beaux.

1832. — Assignation aux frères et sœur Beaux pour débours et émoluments, dans l'affaire que feu leur père a eue contre Jean Louis Aliger, Suzanne Aliger et François Ravès.

18 mars 1832. — Suivant acte reçu par Me Cabanis, notaire, le 18 mars 1832, M. Jean Auguste Beaux vendit à Jean Granier et à Jeanne Blanquet, sa femme, de Lasalle, la pièce de terre vigne et mûriers, en partie arrosable, située au quartier du Causse Nègre, qui lui était parvenue dans le partage de la succession de feu Jean Beaux, son père, moyennant le prix de 2,500 francs, à compte de laquelle somme le sieur Jules Beaux demeurant et domicilié à la commune de Cézas, canton de Sumène, frère du dit Jean Auguste Beaux et son créancier hypothécaire, reconnut avoir reçu des mariés Granier la somme de 1600 francs ; à l'égard des 900 francs restants, les dits mariés Granier s'obligèrent de les payer avec l'intérêt, dans un an lors prochain, au dit Jules Beaux. Dans le même acte, le dit Jules Beaux reconnut avoir reçu du dit Jean Auguste Beaux, son frère, la somme de 487 fr. 50 c.

27 juillet 1833. — Acte d'abandon, quittance et donation entre vifs du 27 juillet 1833, par Madeleine Banal, veuve

Jean Beaux, à ses enfants, et plus particulièrement à Jean Auguste Beaux, le tout visant le testament de Jean Beaux, père, reçu Cabanis, notaire, le 16 novembre 1822, et le partage fait par le même notaire, du 6 février 1827.

31 juillet 1833. — Acceptation de donation en faveur de Adélaïde Beaux, et de son frère Auguste, par leur mère Beaux Banal, dont l'acte a été reçu par M° Cavalier, notaire de Lasalle, le 27 de ce mois.

9 octobre 1833. — La Dame Marie-Madeleine Banal, veuve de M. Jean Beaux, décéda à Lasalle le 9 octobre 1833.

Du mariage de M. Jean Beaux avec la Demoiselle Madeleine Grégoire sont issus trois enfants : M. Fulcrand Beaux, Monsieur Ferdinand Beaux, qui s'établit à Sumène, et Madame Madeleine Beaux.

9 octobre 1833. — Sépulture de Madeleine Banal veuve Beaux, *maréchal ferrant,* décédée à l'âge de 74 ans.

2 novembre 1833. — Accord et quittance entre Jean et Auguste.

27 novembre 1833. — Quittance Calvet à Jean Beaux.

8 décembre 1833. — Vente du 8 décembre 1883 par Jean Auguste Beaux à Jean Louis Vidal, de sa part à l'auberge de la Coupe d'Or.

8 janvier 1834. — Marie-Madeleine Beaux s'est mariée avec Monsieur François Valdeiron, de Saint-Hippolyte, et dans son contrat de mariage reçu par M° Paul Charles Cabanis, notaire à Lasalle, le 8 janvier 1834, M. Jean Beaux et Madame Madeleine Grégoire firent donation à leur fille du tiers de tous leurs biens mobiliers et immobiliers présents et à venir, pour ne prendre possession et jouissance de ce tiers qu'au décès des donateurs, qui renoncèrent à faire aucune disposition préciputaire au préjudice de la dite donataire, et à compte de cette même donation quant aux biens présents, les dits Beaux et Grégoire mariés, firent donation en avancement d'hoirie à leur dite fille de la somme de 5000 francs du chef paternel et maternel ; laquelle dite somme M. Valdeiron déclara avoir reçue de M. Jean Beaux, son futur beau-père, payant tant pour lui qu'à l'acquit de la Dame Beaux, son épouse, et en diminution des constitutions et reprises matrimoniales de cette dernière, qui étaient de la somme de 10,000, et le dit M. Valdeiron fit reconnaissance de la dite somme de 5000 sur tous les biens présents et à venir en faveur de la future épouse.

22 janvier 1834. — Mariage de Sieur François Valdeiron, négociant, avec demoiselle Marie Madeleine Beaux, fille de *Jean* Beaux et de Madeleine Grégoire.

8 janvier 1835. — Accord et quittance entre Jean Beaux et Olivier.

14 novembre 1835. — Jugement par Pierre Costerase, vannier, contre Joseph Jean, dit Bargie.

10 janvier 1836. — Sépulture de *Jean* Beaux, fils de feu Louis Beaux, *maréchal à forge*, et d'Angélique M... (*nom illisible*), décédé à l'âge de quarante ans (Angélique Moinier).

21 novembre 1836. — Acte de mariage de Fulcrand Beaux et de Rosine Favier.

1er mai 1837. — Certificat de maréchal expert décerné à Fulcrand Beaux.

10 février 1839. — Contrat de mariage de mon père et de Mademoiselle Clotilde Lenoir.

27 février 1839. — Acte de mariage des dits.

Id. — Acte de célébration religieuse du dit mariage.

6 mai 1839. — Acte de naissance d'Amélie.

12 mai 1839. — Baptême de Marie Amélie Virginie, fille de Fulcrand Beaux, *vétérinaire*, et de Rosine Favier.

30 octobre 1839. — Sépulture d'Hippolyte Beaux, âgé de quarante cinq ans.

27 février 1840. — Mon acte de naissance.

28 août 1840. — Obligation de Jean Beaux en faveur de son fils Fulcrand.

5 mai 1843. — Sépulture de *Jean* Fulcrand Beaux, fils de *Jean* Fulcrand Beaux, *maréchal ferrant*, et de Rosine Favier, décédé à dix-huit mois.

14 novembre 1844. — Inscription par Jean Beaux contre Louis Aliger et Suzanne Aliger.

21 décembre 1844. — Baptême de Ernest Beaux, fils de Fulcrand Beaux, *maréchal à forge*, et de Rosine Favier.

25 février 1847. — Procès-verbal de non-conciliation par Fulcrand contre Favier, père et fils aîné.

16 septembre 1848. — Sépulture de Madeleine Grégoire, épouse de *Jean* Beaux, *maréchal ferrant*, décédé à l'âge de soixante dix ans.

17 septembre 1848 et 9 avril 1871. — Madame Madeleine Grégoire, femme Beaux, mourut le 17 septembre 1848, et Monsieur Jean Beaux, son mari, mourut le 9 avril 1871.

10 février 1849. — Sépulture de Marie Anaïs, âgée de dix-sept jours, fille de Fulcrand Beaux, *maréchal ferrant*, et de Rosine Favier.

13 mars 1849. — Droits de succession payés au décès de Madeleine Grégoire, épouse de Jean Beaux, décédée le 16 septembre 1848.

20 novembre 1849. — Sépulture de Marie Beaux, femme Grousset, décédée à l'âge de soixante huit ans.

15 juillet 1850. — Inscription en faveur de Fulcrand, contre Beaux Jean, son père.

1852-58. — Papiers relatifs à divers héritages faits par Fulcrand, comme époux de Rosine Favier.

4 octobre 1853. — Fragment d'une donation de Jean Beaux à ses enfants.

12 février 1856. — Contrat de mariage en secondes noces de mon père avec Mademoiselle Bouvier-Lacras.

19 février 1856. — Acte de mariage ci-dessus et de sa célébration.

27 avril 1858. — Procuration de mon père en ma faveur.

3 juin 1858. — Décès de mon père.

14 juin 1858. — Actes de mon émancipation après la mort de mon père, décédé le 3 juin 1858.

11 juillet 1858. — Premier testament de Veuve Beaux-Bouvier, ma belle-mère.

13 juillet 1858. — Acte d'association entre Mr Jules Dumas et moi.

20 octobre 1858. — Acte d'acquisition et reçu de l'eau de la fontaine attenant à la maison achetée de Donnadieu au quartier de la Croix.

3 mars 1859. — Achat de la vigne Lauriol près celle de Vièles, sur la colline, de l'autre côté de la rivière.

*2 avril 1860. — Décès de Rosine Favier, épouse de Fulcrand Beaux.

26 avril 1860. — Cession de Jean Beaux de la créance Aliger, à son fils Fulcrand.

13 août 1860. — Bordereau de créance hypothécaire contre Jean Louis Aliger, en faveur de Fulcrand Beaux.

19 septembre 1860. — Quittance des droits de succession de Rosine Favier, épouse Fulcrand, à son décès, qui eut lieu le 2 avril 1860.

6 février 1861. — Mon contrat de mariage avec Amélie.

7 février 1861. — Engagement de mon beau-père.

7 février 1861. — Mariage du Sieur Auguste Ferdinand Beaux, fils de *Jean* Auguste Beaux, négociant, avec demoiselle Rosine Amélie Beaux, fille de Sieur *Jean* Fulcrand Beaux.

25 novembre 1861. — Acte de naissance de Louise, décédée le 16 juin 1865, fille d'Auguste et d'Amélie.

16 janvier 1863. — Titres de créance dans la faillite Guyou, où je perdis tout mon avoir le 1er janvier 1863.

7 février 1863. — Acte de naissance d'Auguste.

8 juin 1864. — Acte de naissance de Georges.

16 juin 1865. — Acte de décès de Louise, née le 25 novembre 1861.

1er mai 1866. — Acte d'association entre Messieurs Gervais frères et moi.

20 août 1866. — Acte de naissance de Léon.

5 août 1868. — Acte de naissance de Maurice.

1870-71. — Correspondance d'Ernest, et avec lui, pendant la guerre 1870-71. — Son livret militaire, ses états de service, et certificat de blessure.

12 mars 1871. — Sépulture de Pierre Beaux, maçon, fils d'autre Pierre Beaux et de Jeanne Bruguier, décédé à l'âge de soixante douze ans.

9 avril 1871. — Sépulture de *Jean* Beaux, propriétaire, fils de *Jean* Beaux, *maréchal* ferrant et de Madeleine Banal, veuf de Madeleine Grégoire, décédé à l'âge de quatre vingt trois ans.

28 mai 1871. — Acte de naissance de Louis.

2 juillet 1871. — Croix de Bronze et Diplôme de la Société française de secours aux blessés, décernés à Auguste Beaux, en récompense des services rendus aux militaires français, à Milan, pendant la guerre 1870-1871.

29 septembre 1871. — Quittance d'Ernest Beaux en faveur de son père Fulcrand.

27 octobre 1871. — Sépulture de Sieur Ernest Beaux, fils de Fulcrand *Jean* Beaux et de feue Rosine Favier, décédé à l'âge de 27 ans, à Hières, en suite des blessures et des souffrances subies à l'armée, sous les drapeaux de laquelle il était accouru, volontaire, et par pur patriotisme, de Milan, Italie, où il résidait avec son beau-frère et cousin, Auguste.

27 octobre 1871. — Sépulture de Sieur Ernest Beaux, fils de Fulcrand *Jean* Beaux, et de feue Rosine Favier, décédé à l'âge de 27 ans, à Hières, en suite des blessures et des souffrances subies à l'armée, sous les drapeaux de laquelle il était accouru, volontaire, et par pur patriotisme, de Milan, Italie, où il résidait avec moi.

25 mai 1872. — Quittance de mon cousin Ferdinand en faveur de son frère Fulcrand.

Id. — Donation par Fulcrand en faveur de sa fille Amélie.

3 novembre 1872. — Acquisition de S. Pellegrino.

8 juillet 1873. — Acte de naissance de Louise.

28 février 1874. — Acte de baptême de Louise.

19 septembre 1874. — Acte de décès de Louis — né le 28 mai 1871.

4 septembre 1875. — Pierre Deshours s'engage à rétablir le mur élevé sur celui de notre maison à Lasalle, et reconnaît que la vue qu'il a sur notre hangar, est hors son droit. Il s'engage à rétablir les choses suivant nos droits, à première réquisition.

13 mars 1877. — Acquisition de la pièce de terre à côté du jardin, à S. P.

13 avril 1877. — Concession de terrain à perpétuité au Cimetière de Lasalle.

6 janvier 1878. — Deuxième testament de ma belle-mère, Veuve Auguste Beaux-Bouvier-Lacras.

24 septembre 1878. — Acte de naissance d'Amélie, ma fille.

21 octobre 1878. — Médaille d'argent et diplôme décernés à Auguste Beaux, comme industriel, par le jury international de l'Exposition universelle de Paris.

26 décembre 1878. — Vente d'une pièce de vigne, près la nôtre, à Lasalle, par Hébrard, à Amélie, mon épouse.

14 décembre 1880. — Mon diplôme de Chevalier de la Couronne d'Italie.

6 mai 1881. — Autorisation de la Grande Chancellerie de la Légion d'Honneur d'accepter et de porter la décoration d'Italie.

19 juillet 1881. — Diplôme de Bachelier d'Auguste.

3 octobre 1881. — Médaille d'argent et diplôme décernés à Auguste Beaux, comme industriel, par le jury de l'Exposition nationale de Milan.

3 octobre 1881. — Médaille de bronze et diplôme décernés à Auguste Beaux, pour l'Orphelinat de S. P., par le jury de l'Exposition nationale de Milan.

7 novembre 1881. — Livret militaire du volontariat d'Auguste.

6 novembre 1883. — Livret militaire du volontariat de Georges.

5 février 1886. — Sépulture de *Jeanne* Beaux, veuve Ricard, décédée à l'âge de quatre vingt six ans.

12 septembre 1886. — Acte de dépôt de la vente du droit d'eau, à nous vendue par Madame Veuve de Manoël, le 2 avril 1885, pour l'eau de notre maison à Lasalle.

28 septembre 1886. — Sépulture de Françoise Beaux, épouse Pagès, maçon, décédée à l'âge de quatre-vingt-six ans.

4 novembre 1886. — Livret militaire du volontariat de Léon.

22 juillet 1887. — Diplôme de Bachelier de Maurice.

11 novembre 1888. — Livret militaire du volontariat de Maurice.

1889. — Médaille d'or à l'Exposition universelle de Paris, pour San Pellegrino et Casatisma, c'est-à-dire pour mon industrie de filateur et moulinier en Italie.

Id. — Médaille de bronze, à la section d'Économie sociale de la même Exposition, pour l'Orphelinat de San Pellegrino.

NOTES SUR LA FAMILLE BAUD

DE MEYRUEIS

N. B. — Ayant cru de pouvoir me procurer les actes de l'état civil de Meyrueis, antérieurs à ceux de Saint-André de Majencoules, je m'en suis enquis dans ce but auprès de M. le maire, ainsi qu'auprès du notaire de cette localité.

Malheureusement, je n'ai reçu de ces Messieurs que des actes postérieurs à ceux de notre origine de Saint-André.

Je les enregistre néanmoins afin que, si plus tard il m'est possible de pousser ces recherches plus en avant, on puisse ainsi renouer l'anneau de la chaîne de parenté qui nous unit certainement à cette branche de notre famille, puisque la tradition veut que Meyrueis soit notre berceau commun et, qu'en effet, tous ces Baud soient des maréchaux, comme ceux de Saint-André et de La Salle.

Extrait des minutes de Me Planchon, notaire à Meyrueis.

1. *Du 28 mars 1763.* — Vente d'une maison et jardin à Meyrueis par D^{lle} Jeanne Baud, épouse de Sr Antoine Maurin, négociant, et Marguerite Rabe, veuve de Pierre Avesque, facturier, habitant de Meyrueis, donataires par égales parts et entre vifs de feue Marie Causse, veuve de Pierre Recouly à David Maurin, cardeur à laynes dudit Meyrueis.

2. *Du 20 janvier 1766.* — Testament de Jeanne Baud, veuve de Sr Antoine Maurin, où il est dit que la testatrice, entre autres dispositions, lègue : 1,000 livres à sa fille Jeannetton Maurin, qui va aller au couvent ; 2,000 livres à sa fille Marianne Maurin, à ses fils François Alban Maurin, prêtre, 300 livres, et Jean-Clet Marcellin 10 livres ; à son petit-fils Jean-Baptiste-Antoine Maurin 100 livres, et institue pour son héritier général et uni-

versel, son fils aîné Jean-Baptiste-Antoine Maurin, père du précédent.

Entre autres témoins Messire Trophine de Galtier, abbé d'Ayres.

3. *Du 26 juillet 1766.* — Quittance et décharge de tutelle par Jean Baptiste Baud à Antoine Favié, son tuteur, tous de Meyrueis, d'où il résulte que le Sr Baud, comparant, est fils de feu Antoine Baud et de Catherine Tessier, qu'il est assisté de son cousin et curateur Pierre Jean Begnié, qu'un Sr Jean Baptiste Baud a épousé une Marguerite Béguié suivant contrat reçu Me Michel, notaire, le 24 mai 1711 ; qu'un Sr Jean Baptiste Baud a fait une transaction avec son fils, autre Jean Baptiste Baud suivant contrat passé devant Me Berthezène, notaire, le 9 novembre 1718 ; que le comparant était le neveu d'un Sr Jean Baptiste Baud, maréchal à Meyrueis.

4. *Du 1er octobre 1770.* — Vente d'un espace de terrain à Lanuéjols (Gard), par Antoine Baud, travailleur, ancien maréchal à forge, demeurant à Montpellier, à Barthélemy Cartayrade, de Lanuéjols.

5. *Du 30 mai 1771.* — Affermé par Jeanne Baud, veuve de Pierre-Jean Galtier, demeurant à Lanuéjols, et Pierre Galtier, son fils, demeurant à la Claparouze (Gard), à Jean Cartayrade, de la Claparouze, d'un domaine sis à la Claparouze, moyennant le prix de ferme de 36 livres quitte de tailles.

6. *Du 12 septembre 1771.* — Vente d'un petit pré et verger à Meyrueis par Jean Baptiste Baud, fabricant en bas, fils de feu Antoine, et de feue Catherine Teissier, assisté et autorisé de Jean-Baptiste Baud, son curateur à conseil, son oncle paternel, maître-maréchal à forge, habitant de Meyrueis.

A Jean Baptiste Antoine Maurin, négociant, habitant dudit Meyrueis.

7. *Du 1er juillet 1773.* — Vente d'un espace de terrain à Meyrueis par Mre Jean Baud, prêtre, ancien curé de Saint-Sauveur des Sourcils (Gard), habitant au Vigan, même département, à M. Pierre Bragouze, seigneur de Saint-Sauveur, commandant pour le roy dudit Meyrueis.

8. *Du 2 mai 1777.* — Obligation par Jean Berger de Crouset à Jean-Baptiste Baud, ancien maître maréchal à forge, habitant de Meyrueis.

9. *Du 22 juillet 1775.* — Vente d'une maison et jardin à Meyrueis par Jean Baptiste Baud, fabricant en bas dudit Meyrueis, à présent soldat dans le régiment de Languedoc Infanterie, en garnison au Havre de Grasse, se trouvant par congé de semestre à Meyrueis, à Louis Jean, maître blancher du lieu de Grand Lirou, diocèse d'Alais.

Témoins Jean Béguié, géomètre dudit Meyrueis, et Louis de Vignolles, capitaine d'infanterie, habitant dudit Meyrueis.

10. *Du 29 septembre 1775.* — Quittance par Jean-Baptiste Baud, ancien maître maréchal à forge, de Meyrueis, à Jean Teulon, aussi maréchal à forge, de Vallerangue.

11. *Du 1ᵉʳ janvier 1778.* — Mariage de Jean-Baptiste Baud, garçon faiseur de bas, fils légitime et naturel de feu Antoine Baud et de feue Catherine Teissier, habitant de Meyrueis, avec Marie Perrier, fille légitime de Pierre Perrier, tailleur d'habit, et de Claudine Firmi, habitants de Meyrueis.

12. *Du 29 mars 1783.* — Obligation par Jean Baptiste Baud, ancien maître maréchal à forge, de Meyrueis, à Pierre Bonniols dudit.

13. *Du 7 novembre 1783.* — Échange entre Jean Baptiste Baud, maréchal à forge et Pierre Rabe, fils, tous deux de Meyrueis ; maisons à Meyrueis.

14. *Du 27 septembre 1784.* — Vente par Barthélemy Baud, marchand, Françoise et Jeanne Baud, enfants de feu Antoine Baud, décédé *ab intestat*, habitants de la ville de Montpellier, à divers de Lanuéjols, terre au dit.

15. *Du 5 octobre 1784.* — Vente par les mêmes, à divers de Lanuéjols, où il est dit que Jeanne Baud est autorisée de son mari, Etienne Triayre de Montpellier ; divers immeubles à Lanuéjols.

16. *Du 29 septembre 1785.* — Vente par Barthélemy Baud, marchand de la ville de Montpellier, à Jean-Pierre Galtier, dit Bernard, de Lanuéjols, terre au dit.

17. *Du 26 août 1789.* — Quittance par Jean-Baptiste Baud, commerçant, habitant de Meyrueis, à Marie Avesque dudit.

18. *Du 7 octobre 1789.* — Quittance par Pierre et Jeanne Baud, frère et sœur, cosuccédants à feu Jean-Baptiste Baud, leur père, habitants de Meyrueis, faisant tant pour eux que pour

leur frère François Baud, absent, autre cosuccédant pour un tiers audit Baud, père commun.

19. *Du 20 octobre 1789*. — Quittance par Pierre Baud fils, à Jean-Baptiste Baud et à Anne Salles, décédés, à Pierre Rabe, tous de Meyrueis.

20. *Du 3 décembre 1789*. — Quittance par Pierre Baud, procureur fondé de Baptiste Baud, son frère, sergent au régiment de la Fère, en garnison à Phalsbourg, à Pierre Rabe, tous de Meyrueis.

Extrait des minutes de Mᵉ Belon, notaire à Meyrueis.

21. *Du 19 juillet 1790*. — Quittance par François Baud, natif de Meyrueis, sergent au régiment de la Fère, en garnison à Toulon, succédant pour un tiers à Jean Baud et Anne Salles, ses père et mère.

22. *Du 30 août 1790*. — Cession par Antoine Baud, maître charretier, habitant la ville de Sumène, à Pierre Germain Saint Pred, de Meyrueis, créance sur Antoine Julien, du Beffre.

Extrait des minutes de Mᵉ Gély, Coste longue, notaire à Meyrueis.

23. *Du 5 octobre 1832*. — Remplacement militaire du Sʳ Jean Baptiste Boulet, agriculteur, demeurant à Drigas, commune d'Hures, canton de Meyrueis, ayant obtenu le n° 9 ; par le Sʳ Charles Baud, sans profession, fils de Jean Baud, demeurant ensemble à Meyrueis, porteur du n° 22 libéré ; et moyennant le prix de 1,300 francs payables au dit Baud, après l'expiration du service militaire, intérêt au taux légal.

24. *Du 1ᵉʳ octobre 1833*. — Bail à ferme par Antoine Baud, agriculteur, demeurant à Prades, canton de Sainte Enimie, à dame Marie Gal, veuve d'Antoine Caussignac, ménagère, des Avens, commune de la Parade, canton de Meyrueis, d'une défriche contenant neuf carrés sise au terroir des Avens ; prix de ferme annuel, 115 francs.

Extrait des minutes de M° O. Valibhouse, notaire à Meyrueis.

25. *Du 20 juin 1836*. — Cession de créance, par Antoine Baud, cantonnier, demeurant à Meyrueis, à sa sœur Marie Baud, à Meyrueis, des droits qu'il avait sur la créance qu'avait Charles Baud, décédé en Afrique, sur Jean Baptiste Boulet, suivant l'acte sus-indiqué.

26. *Du 26 juin 1836*. — Quittance par Sr Silvestre Baud, maçon, Marie Baud, demeurant tous deux à Meyrueis, et Cyprien Baud, de Lannéjols, en leur qualité d'héritier de feu Charles Baud, décédé, au Sr Jean Baptiste de Drigas, d'une partie de la créance du 5 octobre 1832.

27. *Du 11 février 1838*. — Vente par Cyprien Baud, cordonnier de Lannéjols, chef-lieu de commune, canton de Trèves (Gard), à Maurice Cartayrade, propriétaire aussi de Lannéjols, maison et jardin attenant pour 550 francs.

28. *Du 30 septembre 1838*. — Quittance par Antoine Baud, agriculteur de Prades, à Marie Gal, veuve de Sr Antoine Caussignac, des Avens.

29. *Du 29 septembre 1845*. — Quittance par Marie Vergougnoux, épouse de Sr Jean Silvestre Baud, maçon de Meyrueis, à Jean Durand, cultivateur au Buisson.

30. *Du 30 novembre 1845*. — Quittance par Sr Antoine Baud, de Meyrueis, agissant pour Suzanne Baud, sa sœur, épouse Pierre Brunel, d'Alzon (Gard); 2° Sr Silvestre Baud, maçon, demeurant à Meyrueis; 3° Marie Baud, sans profession aussi, à Meyrueis, comme cessionnaire du dit Antoine Baud; 4° Cyprien Baud, cantonnier à Gatuzières, au Sr Jean-Baptiste Boulet, de Drigas, alors à Meyrueis.

31. *Du 5 septembre 1847*. — Vente par Jean-Auguste Soleille, de Laupiés, à Sr Silvestre Baud, maçon à Meyrueis; d'une maison sise à Meyrueis.

32. *Du 29 septembre 1848*. — Bail à ferme par Sr Jean-Antoine Caussignac, propriétaire agriculteur, et D^{lle} Mathilde Caussignac, sans profession, demeurant à Saint Pierre d'Estripié, à Sr Antoine Baud, cultivateur, demeurant à la Fon, commune de Prades, canton de Sainte Enimie, d'une pièce de terre au Beffre.

33. *Du 8 mars 1849.* — Cautionnement par Sr Silvestre Baud, maçon, et Marie Vergougnoux, mariés à Meyrueis, au Sr Jean-Louis Salze, maçon, demeurant à Meyrueis, pour adjudication à prendre par ce dernier.

34. *Du 14 juillet 1851.* — Quittance par dame Julie Couderc, veuve Jean François Soleille au Sr Silvestre Baud.

35. *Du 18 juillet 1852.* — Mariage de Sr François Baud, maçon, fils majeur et légitime de Sr Silvestre Baud, maçon, et de Marie Vergougnoux, demeurant ensemble à Meyrueis ; avec Mlle Virginie Combemale, fille majeure et légitime de Sr Antoine Combemal, et de Marie Rabier, propriétaire au Valgalier, commune de Fraissinet de Fourques.

36. *Du 16 janvier 1853.* — Quittance par Silvestre Baud, maçon à Meyrueis, à M. Jean Théodore Tuffier, percepteur, à Meyrueis.

37. *Du 10 juin 1853.* — Mariage de Sr Maurice Baud, ouvrier maçon, fils majeur et légitime de Sr Silvestre Baud, maçon, et de Marie Vergougnoux, demeurant avec eux à Meyrueis, et de D^{lle} Marie Arnal, sans profession, fille mineure et légitime de feu Jean Arnal, et de survivante Marie Maury, demeurant avec elle au Vilaret, commune de Veyrau.

38. *Du 20 mai 1855.* — Quittance par Sr Silvestre Mazauric des Clauzels ; 2e Louis Pierre Causse, maçon à Meyrueis ; 3e Sr François Baud, maçon aussi à Meyrueis, agissant comme maître des biens dotaux, de sa femme Virginie Combemale, à leur oncle Antoine Rabier, du Mas de la Fon.

39. *Du 9 août 1856.* — Testament d'Antoine Baud, de Meyrueis, léguant usufruit de maison de Meyrueis, à sa femme Jeanne Causse.

40. *Du 24 novembre 1856.* — Bail à ferme par Célestin Caussignac, de Saint Pierre d'Estripiés, à Sr Antoine Baud, demeurant à Prades, et à Jean Baptiste Trinchard, de Meyrueis, terre au Beffre.

41. *Du 14 décembre 1856.* — Testament de la D^{lle} Marie Baud, de Meyrueis, institue légataire universelle sa belle-sœur Jeanne Causse, veuve d'Antoine Baud.

42. *Du 20 septembre 1857.* — Testament Marie Vergougnoux, ménagère, veuve de Sr Silvestre Baud, de Meyrueis, léguant à

sa fille Marie Baud, de Marseille, son mobilier et le quart de ses biens à ses deux enfants François et Maurice Baud, maçons à Meyrueis.

43. *Du 28 novembre 1860.* — Obligation par Silvestre Baud, maçon à Meyrueis, à sa fille Marie Baud, de Marseille.

44. *Du 7 janvier 1861.* — Cession par le Sr Cyprien Gal, et Ursule Danniés au Sr François Baud, et Maurice Baud, maçons à Meyrueis, et Marie Baud, actuellement au Vigand, dans la succession de leur mère Marie Vergougnoux, décédé le 17 novembre 1860 à la survivance de ses 4 enfants sus-nommés dont la dite dame Ursule Danniés est issue de son premier mariage avec feu Jean Louis Danniés, et les trois autres de son second mariage avec feu Jean Silvestre Baud.

1720. — État civil de la commune de Meyrueis (Lozère).

1. Baud (Louise), née à Meyrueis le 26 novembre 1720, fille de Jean Baptiste Baud, maréchal, et de Marguerite Béguier.

2. Baud (Marie), née à Meyrueis le 28 décembre 1721, fille de Jean Baptiste Baud, maréchal, et de Marguerite Béguier. Décédée le 30 mai 1724.

3. Baud (Jeanne Suzanne), née à Meyrueis le 9 juillet 1722, fille à Jean Baptiste Baud et à Jeanne Cartayrade.

4. Baud (Marie), mariée le 18 janvier 1724, à Pierre Grousset, chandronnier, à Saint-Jean-du-Bruel (Aveyron), fille de Jean Baptiste Baud et de Jeanne Cartayrade.

5. Baud (Anne), mariée le 12 juin 1724, à Journet Jacques, de Ayres, près Meyrueis, fille à Jean Baptiste Baud et de feue Marie Jacques d'Ispagnac.

6. Baud (François), 5 ans, fils à Jean Baptiste Baud et à Jeanne Cartayrade, décédé le 2 juillet 1724.

7. Baud (Jeanne), 11 ans, fille à Jean Baptiste Baud et à Marguerite Béguier, décédé le 21 septembre 1724.

8. Baud (Jean Louis), né à Meyrueis, le 29 octobre 1724, fils de Jean Baptiste Baud et à Marguerite Béguier.

9. Baud (Jeanne), née à Meyrueis, le 16 mars 1728, fille de Jean Baptiste Baud, maréchal, et à Marguerite Béguier.

10. Baud (Suzanne), née à Meyrueis, le 17 novembre 1730, fille de Jean Baptiste Baud, maréchal, et à Marguerite Béguier.

11. Baud (Jeanne), 5 ans, fille à Jean Baptiste Baud, maréchal, et à Marguerite Béguier, décédée le dernier mai 1732.

12. Baud (Jeanne), mariée le 29 mars 1735, à Antoine Maurin, fille à Jean Baptiste Baud et à Jeanne Cartayrade.

13. Baud (Charlotte), 68 ans, décédée le 26 août 1737, veuve de Jean Favier. (Sans autres indications.)

14. Baud (Marie), 70 ans, décédée le 18 janvier 1738, femme Masoyer (Etienne).

15. Baud (Baptiste Jean), 52 ans, décédé le 28 juillet 1741, fils à Jean Baptiste et à Suzanne Portal.

16. Baud (Marguerite), née le 1er décembre 1740, fille d'Antoine Baud et de Teissier, Catherine. (Mariée le 11 février 1771, à Balme Louis.)

17. Baud (Suzanne), née le 4 janvier 1744, fille d'Antoine Baud et de Teissier Catherine.

18. Baud (Marianne), née le 11 février 1746, fille d'Antoine Baud et de Teissier, Catherine.

19. Baud (Jean Baptiste), née le 30 septembre 1746, fils d'autre et de Anne Sales.

20. Baud (Marguerite), née le 8 décembre 1747, fille de Jean Baptiste Baud et de Anne Sales.

21. Baud (Suzanne), 5 ans, décédée le 3 février 1748, fille de Antoine Baud et de Teissier, Catherine.

22. Baud (Jean Baptiste), né le 15 octobre 1748, fils d'Antoine Baud et de Catherine Teissier. (Marié le 2 mars 1778, à Périé, Marie.)

23. Baud (Jean Antoine), né le 15 mars 1750, fils de Jean Baptiste Baud et de Anne Sales.

24. Baud (Jean Louis), né le 16 juin 1751, fils d'Antoine et de Catherine Teissier.

25. Baud (Antoine), 35 ans, décédé le 26 juillet 1751. (Sans autres indications.)

26. Baud (Suzanne), née le 31 mars 1753, fille de Jean Baptiste et de Anne Sales.

27. Baud (Antoine), 54 ans, décédé le 16 octobre 1754, fils de Jean Baptiste Baud et de Jeanne Cartayrade.

28. Baud (Pierre Antoine), né le 20 mars 1755, fils de Jean et d'Anne Sales.

29. Baud (Jean Baptiste), 93 ans, décédé le 31 octobre 1757. (Sans autres renseignements.)

30. Baud (Marie), née le 27 avril 1758, fille de Jean Baptiste et de Anne Sales.

31. Baud (François), né le 15 avril 1762, fils de Jean Baptiste Baud et de Anne Sales.

32. Baud (Marguerite), 15 ans, décédée le 15 août 1762, fille de Jean Baptiste Baud et de Anne Sales.

33. Baud (Antoine), 14 ans, décédé le 29 mai 1763, fils de Jean Baptiste Baud et de Anne Sales.

34. Baud (Anne), 68 ans, décédée le 24 janvier 1766, épouse Journet, d'Ayres, près Meyrueis.

35. Baud (Jeanne), 59 ans, décédée le 25 janvier 1766. (Veuve d'Antoine Maurin.)

36. Baud (Marianne), 22 ans, décédée le 23 avril 1766, fille de feu Antoine Baud et de Catherine Teissier.

37. Baud (Cyprien), né le 21 mars 1769, fils de Jean Baud et de Anne Sales, décédée le 4 avril 1771.

38. Baud (Antoine), né le 11 avril 1778, fils de Jean Baud et de Marie Périé.

39. Baud (Suzanne), née le 15 août 1779, fille de Jean Baptiste et de Marie Périé.

40. Baud (Jean), né le 7 février 1782, fils de Jean Baud et de Marie Périé.

41. Baud (Marie), née le 4 novembre 1783, fille de Jean Baptiste et de Marie Périé.

42. Baud (Marguerite), née le 3 mai 1787, fille de Jean Baptiste et de Marie Périé.

43. Baud (Marianne), née le 8 septembre 1788, fille de Jean Baptiste Baud et de Marie Périé.

44. Baud (Jeanne), mariée le 3 février 1790, à Persezol Jean, de Saint-Chely, fille de feu Jean et de feue Anne Sales.

45. Baud (Henriette), née le 14 avril 1790, fille de Jean et de Marie Périé.

46. Baud (Maurice), né le 22 novembre 1791, fils de Jean Baptiste et de Marie Périé.

47. Baud (Cyprien), né le 28 vendémiaire an IV, fils de Jean Baptiste Baud et de Marie Périé.

48. Baud (Rosalie), née le 2 nivôse, an VI, fille de Jean Baptiste Baud et de Marie Périé.

49. Baud (Pierre), décédé le 22 mars 1806, 50 ans, fils de feu Jean Baptiste Baud et de Anne Sales.

50. Beaud (Rose), décédée le 18 juin 1808, 11 ans, fille de Jean Baud et de Marie Périé.

51. Beaud (Olympe), décédée le 9 novembre 1812, 2 ans, fille ds Jean Baud et de Françoise Grange.

52. Baud (Jean Baptiste), décédé le 9 décembre 1812, fils de défunts Antoine Baud et de Marguerite Teissier, marié à Marie Perié.

53. Baud (Henriette), née le 7 janvier 1815, fille de Antoine Baud et de Jeanne Causse. (Décédée le 21 janvier 1815.)

54. Baud (Marie), née le 19 septembre 1815, fille d'Antoine Baud et de Françoise Granger.

55. Baud (Sylvestre), Jumeaux, nés le 3 janvier 1816, fils
56. Baud (Marie), d'Antoine Baud et de Jeanne Causse. (Décédés le 7 janvier 1816.)

57. Baud (Marie Jeanne), née le 15 décembre 1816, fille de Antoine Baud et de Jeanne Causse.

58. Baud (Jean), marié à Agnès Françoise, le 17 janvier 1816, fils de feu Jean Baud et de Marie Périé (âgé de 34 ans). Marie Agnès, femme Baud, est décédée le 11 mars 1821.

59. Baud (Henriette), née le 27 avril 1817, fille de Jean Baud et de Françoise Granger. (Décédée le 21 août 1818.)

60. Baud (Henriette), née le 22 février 1818, fille de Antoine Baud et de Jeanne Causse. (Décédée le 23 septembre 1818.)

61. Baud (Rosalie), née le 15 décembre 1818, fille de Jean Baud et de Françoise Granger. (Décédée le 27 août 1820.)

62. Baud (Jean Antoine), né le 5 novembre 1819, fils de Antoine Baud et de Jeanne Causse.

63. Baud (Marie), née le 3 janvier 1821, fille de Antoine Baud et de Jeanne Causse.

64. Baud (Marie), née le 13 octobre 1822, fille de Silvestre Baud et de Marie Vergougnoux.

65. Baud (Philippe), décédé le 19 juillet 1822, fils de Jean Baud et de Françoise Granger, décédée.

66. Baud (Rosalie), née le 14 septembre 1823, fille à Antoine Baud et à Jeanne Causse.

67. Baud (Jeanne), décédée le 11 janvier 1825, 48 ans, fille de défunt Jean Baptiste et à feue Jeanne Sales, veuve Perséjol.

68. Baud (Maurice), né le 7 mai 1826, fils de Antoine Baud et de Jeanne Causse.

69. Baud (Maurice), né le 13 janvier 1827, fils de Silvestre et de Marie Vergougnoux.

70. Baud (Cyprien), marié à Maury Marianne, le 27 février 1833, fils de feu Jean Baptiste et de Marie Périé.

71. Baud (Charles), décédé le 2 avril 1836, à Coldethenia par un coup de feu à la tête, 2e léger, n° matricule 6289.

72. Baud (Jean), décédé le 27 janvier 1836, 55 ans, époux de Françoise Darge, fils de Jean et de Marie Périé.

73. Baud (Jeanne), marié le 26 décembre 1844, 27 ans, fille à Antoine et à Jeanne Causse ; mariée à Gaveur Pierre Basile.

74. Baud (Antoine Auguste), décédé le 24 juin 1846, 6 mois, fils d'Antoine Baud et de Rosalie Combes.

75. Baud (Jean Maurice), né le 28 mai 1847, fils de Jean et de Rosalie Commis.

76. Baud (Saturnin Louis Joseph), né le 29 novembre 1848, fils de Joseph Hilaire et de Marie Granet, des Oulrèts près Meyrueis.

77. Baud (Maurice), né le 2 mars 1849, fils de Cyprien et de Marianne Maury.

78. Baud (Charles Auguste), né le 10 novembre 1849, fils de Jean et de Rosalie Commis.

79. Baud (Charles Louis), décédé le 27 novembre 1849, fils de Baptiste et de Marie Migniou.

80. Baud (Cyprien), décédé le 30 novembre 1849, 52 ans, fils de Jean et de Mariette Périé.

PAPIERS DE FAMILLE

EN MA POSSESSION

Concernant plus spécialement la famille et les biens de Lasalle.

---

7 avril 1594. — Copie d'un acte de transaction, entre Sire Antoine Baudin, marchand du lieu de Lasalle, et Antoine Roquette du lieu de Lasalle, qui sert pour le chemin de ma vigne et châtanet. — Pour Jean Pierre Campredon, de la Moutte, à présent, Alexandre Campredon.

Cet acte doit avoir en son importance lors de la contestation entre Louis Beaux et Jean Campredon, à la date du 22 février 1747, par rapport aux droits inhérents à la vigne Beaux, située au terroir du Causse-Nègre.

7 octobre 1758. — Extrait de l'acte passé entre Madame la baronne de Barre, et Sujol, Étienne, boulanger à Lasalle. Cet acte donne droit d'appui à Beaux, pour sa maison de forge.

8 décembre 1774. — Transaction entre Jean Beaux et Théodore Bouvier, concernant la vigne du Causse-Nègre.

22 janvier 1785. — Vente faite à Jean Beaux, par Antoine Pons, d'une pièce de terre appelée Coste de l'Euze, ou Nibles, en nature de châtanet, vigne, mûriers et pré, avec un petit bâtiment rural.

18 octobre 1785. — Acte de mariage de Jean Beaux et de Marie Magdeleine Banal, de Saint Bauzille.

13 septembre 1791. — Testament de Jean Beaux, père, époux de Louise Grousset. — Estimation de ses biens.

7 mars 1792. — Testament de François Beaux, fils de Jean.

24 messidor An II. — Partage du château de Saint-Bonnet, entre Jean Beaux et Jean Bruguier, de Lasalle.

19 brumaire An VI. — Mariage entre François Ravès et Louise-Elisabeth Beaux.

27 août 1801 (27 thermidor An IX). — Quittance faite par François Ravès à Jean Beaux, son beau-frère.

29 mars 1805 (29 nivôse An XIII). — Acquisition de la maison Donnadieu, au quartier de la Croix.

17 avril 1806. — Mariage entre Jean Olivier et Demoiselle Marie Grégoire.

13 avril 1811. — Mariage entre Jean Beaux et Demoiselle Marie Magdeleine Grégoire.

8 mai 1811. — État des outils de Beaux, père.

27 juillet 1811. — Vente faite par Joseph Charpentier à Jean Beaux d'une pièce de terre-vigne située au quartier de Batatides.

29 septembre 1811. — Fragment d'arrangements entre Jean Beaux et son beau-frère Banal, après décès de Banal, père, et du vivant de la mère Banal, née Ginoulhiac.

30 novembre 1811. — Quittance par Marc Antoine Durand à Jean Beaux pour l'acquisition de la maison de la Coupe d'Or.

19 septembre 1816. — Bail en payement, par Banal Jean Baptiste en faveur de Jean Beaux, son beau-frère, et de Marie Magdeleine Banal, sa sœur.

23 septembre 1818. — Extrait de naissance de Rosine Favier, épouse de Fulcrand Beaux.

8 mai 1820. — Permission d'appui accordée par Jean Beaux à Paul Roque pour la maison achetée à Donnadieu.

18 juillet 1821. — Mariage entre Joseph Aliger et Demoiselle Rosalie Beaux.

16 novembre 1822. — Bail, ferme et procuration par Beaux, père, en faveur de Jean et Auguste ses fils.

Id. — Testament de Beaux, père.

1er janvier 1824. — Accord entre Jean et Auguste.

14 avril 1824. — Quittance et décharge de 2,600 francs par Jean Beaux, père, en faveur de Jean et Auguste, ses fils.

6 février 1827. — Partage entre les frères et sœur Beaux.

10 octobre 1828. — Bail à titre de ferme de Jean Beaux à son beau-frère Jean Olivier.

21 octobre 1828. — Quittance de 4,000 francs par Calvet en faveur de Jean Beaux, son beau-frère.

22 mars 1829. — Vente d'un lopin de terre-vigne au quartier de Batatides, par Jean Beaux à David Galtier.

5 mai 1830. — Vente d'Auguste à son frère Jean, pour sa portion de la filature.

9 mai 1830. — Obligation en faveur de Louis Leblanc Roullet par Jean Beaux.

1832. — Assignation aux frères et sœur Beaux pour débours et émoluments, dans l'affaire que feu leur père a eue contre Jean Louis Aliger, Suzanne Aliger et François Ravès.

31 juillet 1833. — Acceptation de donation en faveur de Adélaïde Beaux, et de son frère Auguste, par leur mère Beaux Banal, dont l'acte a été reçu par M⁰ Cavalier, notaire de Lasalle, le 27 de ce mois.

2 novembre 1833. — Accord et quittance entre Jean et Auguste.

27 novembre 1833. — Quittance Calvet à Jean Beaux.

8 janvier 1835. — Accord et quittance entre Jean Beaux et Olivier.

14 novembre 1835. — Jugement par Pierre Costeraste, vannier, contre Joseph Jean, dit Bargie.

21 novembre 1836. — Acte de mariage de Fulcrand Beaux et de Rosine Favier.

1ᵉʳ mai 1837. — Certificat de maréchal expert décerné à Fulcrand Beaux.

28 août 1840. — Obligation de Jean Beaux en faveur de son fils Fulcrand.

14 novembre 1844. — Inscription par Jean Beaux contre Louis Aliger et Suzanne Aliger.

25 février 1847. — Procès-verbal de non-conciliation par Fulcrand contre Favier, père et fils aîné.

13 mars 1849. — Droits de succession payés au décès de Madeleine Grégoire, épouse de Jean Beaux, décédée le 16 septembre 1848.

15 juillet 1850. — Inscription en faveur de Fulcrand, contre Beaux Jean, son père.

1852-1858. — Papiers relatifs à divers héritages faits par Fulcrand, comme époux de Rosine Favier.

4 octobre 1853. — Fragment d'une donation de Jean Beaux à ses enfants.

20 octobre 1858. — Acte d'acquisition et reçu de l'eau de la fontaine attenant à la maison achetée de Donnadieu, au quartier de la Croix.

3 mars 1859. — Achat de la vigne Lauriol, près celle de Vièles, sur la colline, de l'autre côté de la rivière.

26 avril 1860. — Cession de Jean Beaux de la créance Aliger, à son fils Fulcrand.

13 août 1860. — Bordereau de créance hypothécaire contre Jean Louis Aliger, en faveur de Fulcrand Beaux.

19 septembre 1860. — Quittance des droits de succession de Rosine Favier, épouse Fulcrand, à son décès, qui eut lieu le 2 avril 1860.

1870-1871. — Correspondance d'Ernest, et avec lui, pendant la guerre de 1870-71. — Son livret militaire, ses états de service, et certificat de blessure.

4 septembre 1875. — Pierre Deshours s'engage à rétablir le mur élevé sur celui de notre maison à Lasalle, et reconnaît que la vue qu'il a sur notre hangar est hors son droit. Il s'engage à rétablir les choses suivant nos droits, à première réquisition.

12 septembre 1886. — Acte de dépôt de la vente du droit d'eau, à nous vendue par Madame Veuve de Manoël, le 2 avril 1885, pour l'eau de notre maison à Lasalle.

PAPIERS DE FAMILLE

EN MA POSSESSION

Concernant plus spécialement mon père et ses descendants directs.

---

23 février 1800 (23 pluviôse An VIII). — Acte de naissance de mon père.

10 février 1839. — Contrat de mariage de mon père et de Mademoiselle Clotilde Lenoir.

27 février 1839. — Acte de mariage des dits.

Id. — Acte de célébration religieuse du dit mariage.

6 mai 1839. — Acte de naissance d'Amélie.

27 février 1840. — Mon acte de naissance.

12 février 1856. — Contrat de mariage en secondes noces de mon père avec Mademoiselle Bouvier-Lacras.

19 février 1856. — Acte de mariage ci-dessus et de sa célébration.

27 avril 1858. — Procuration de mon père en ma faveur.

14 juin 1858. — Actes de mon émancipation après la mort de mon père, décédé le 3 juin 1858.

11 juillet 1858. — Premier testament de Veuve Beaux-Bouvier, ma belle-mère.

13 juillet 1858. — Acte d'association entre M. Jules Dumas et moi.

6 février 1861. — Mon contrat de mariage avec Amélie.

7 février 1861. — Engagement de mon beau-père.

25 novembre 1861. — Acte de naissance de Louise, décédée le 16 juin 1865.

16 janvier 1863. — Titres de créance dans la faillite Guyon, où je perdis tout mon avoir le 1er janvier 1863.

7 février 1863. — Acte de naissance d'Auguste.

8 juin 1864. — Acte de naissance de Georges.

16 juin 1865. — Acte de décès de Louise, née le 25 novembre 1861.

1er mai 1866. — Acte d'association entre Messieurs Gervais frères et moi.

20 août 1866. — Acte de naissance de Léon.

5 août 1868. — Acte de naissance de Maurice.

28 mai 1871. — Acte de naissance de Louis.

29 septembre 1871. — Quittance d'Ernest Beaux en faveur de son père Fulcrand.

25 mai 1872. — Quittance de mon cousin Ferdinand en faveur de son frère Fulcrand.

Id. — Donation par Fulcrand en faveur de sa fille Amélie.

3 novembre 1872. — Acquisition de S. Pellegrino.

8 juillet 1873. — Acte de naissance de Louise.

28 février 1874. — Acte de baptême de Louise.

19 septembre 1874. — Acte de décès de Louis — né le 28 mai 1871.

13 mars 1877. — Acquisition de la pièce de terre à côté du jardin, à S. P.

13 avril 1877. — Concession de terrain à perpétuité au Cimetière de Lasalle.

6 janvier 1878. — Deuxième testament de ma belle-mère, Veuve Auguste Beaux-Bouvier-Lacras.

24 septembre 1878. — Acte de naissance d'Amélie, ma fille.

26 décembre 1878. — Vente d'une pièce de vigne, près la nôtre à Lasalle, par Hébrard, à Amélie, mon épouse.

14 décembre 1880. — Mon diplôme de Chevalier de la Couronne d'Italie.

6 mai 1881. — Autorisation de la Grande Chancellerie de la Légion d'Honneur d'accepter et de porter la décoration d'Italie.

19 juillet 1881. — Diplôme de Bachelier d'Auguste.

7 novembre 1881. — Livret militaire du volontariat d'Auguste.

6 novembre 1883. — Livret militaire du volontariat de Georges.

4 novembre 1886. — Livret militaire du volontariat de Léon.

22 juillet 1887. — Diplôme de Bachelier de Maurice.

11 novembre 1888. — Livret militaire du volontariat de Maurice.

NOMENCLATURE DES ACTES

Se rapportant plus spécialement à la famille de ma mère.

———————

1752. — Mon grand-père maternel, Pierre Noir dit Lenoir, Écossais d'origine, naquit à Saint-Romain au Mont d'or, près Lyon, en 1752.

Il épousa en premières noces Mlle Barthélemie Grépot, née en 1758, et morte en 1794.

Il était à cette époque moulinier, quai de Retz, à Lyon.

Et il avait un frère, Claude, tailleur de pierres à Saint Cyr au Mont d'or, près Lyon.

De ce mariage, il eut 2 fils :

29 janvier 1788. — Joseph Nicolas, époux de la tante dont le testament, 6 janvier 1884, fait mention ;

et Alexandre Amédée, qui fut parrain de Mme Vadoux.

Ce même Pierre Lenoir épousa en secondes noces Louise Brottet, née le 24 août 1761, et veuve de Simon Mazet.

De ce mariage naquirent :

13 mars 1799. — Claudine Alexandrine Amédée Lenoir, qui fut plus tard épouse de Joseph Vadoux, et mère de ma cousine Louise Vadoux, défunte.

24 mai 1802. — Henry Lenoir.

27 février 1804. — Jacques Lenoir.

15 novembre 1805. — Anne Claudine Lenoir.

24 novembre 1806. — Clotilde Lenoir, ma mère.

* *24 août 1761.* — Acte de naissance de Louise Brottet, fille de Guillaume Brottet, chapelier, à Lyon, et de Marie Maréchal.

* *29 janvier 1788.* — Acte de naissance de Joseph Nicolas, fils de Pierre Lenoir, marchand de bas, et de Barthélemie Grépot, sa première épouse.

* *20 janvier 1794 (20 nivôse An II).* — Acte de décès de

Barthélemie Grépot, âgée de 36 ans, épouse de Pierre Lenoir, moulinier, quai de Retz, et belle-sœur de Claude Lenoir, tailleur de pierres à Saint-Cyr.

13 mars 1799 (An VII). — Acte de baptême de Claudine Alexandrine Amédée Lenoir, fille de Pierre Lenoir, bourgeois de Lyon, et de D^lle Louise Brottet, son épouse. Le parrain de l'enfant (qui est devenue plus tard Me Vadoux) a été son frère Alexandre Amédée Lenoir fils.

24 mai 1802 (24 floréal An IV). — Acte de naissance de Henry Lenoir, fils de Pierre Lenoir, fabricant de bas, et de Louise Brottet, demeurant rue Buisson, 13.

14 juillet 1802. — Acte de baptême de Henry Lenoir.

27 février 1804 (27 pluviôse An XII). — Acte de naissance de Jacques Lenoir, fils de Pierre Lenoir et de Louise Brottet.

17 novembre 1805. — Acte de baptême d'Anne Claudine Lenoir, née le 15 novembre de la même année, c'est-à-dire l'avant-veille. La marraine fut Claudine Alexandrine, sa sœur.

24 novembre 1806 (24 brumaire An XIV). — Acte de naissance de Clotilde Lenoir, ma mère, fille de Pierre Lenoir et de Louise Brottet.

25 septembre 1829. — Baptême de Louise Pierrette Vadoux, fille de Claudine Alexandrine Amédée Lenoir, et de son époux, M. Vadoux Joseph.

4 août 1832. — Décès de Pierre Lenoir, âgé de 80 ans, natif de Saint Romain au Mont d'Or, négociant, demeurant rue Vieille Monnaie, 29, époux de Louise Brottet, et père du 1er comparant Joseph Nicolas Lenoir, âgé de 44 ans, négociant Côte Saint Sébastien, 1, et beau père de Joseph Vadoux, négociant, âgé de 35 ans, rue Vieille Monnaie, 9.

11 février 1834. — Décès de son épouse, Louise Brottet.

20 novembre 1855. — Décès de ma mère.

3 septembre 1870. — Décès de Ve Vadoux, née Claudine Alexandrine Amédée Lenoir, âgée de 71 ans, morte d'une congestion passive du poumon.

6 janvier 1884. — Testament de Ve Lenoir, née Rollin, épouse de l'oncle Joseph Nicolas Lenoir.

N. B. Ceux des actes ci-dessus qui sont précédés d'un astérisque (*) se trouvent encore en ma possession.

CALENDRIER RÉPUBLICAIN

EN USAGE A PARTIR DU 22 SEPTEMBRE 1792 JUSQU'AU 9 SEPTEMBRE 1805

Du 22 sept. 1792 au 22 sept. 1793	An	I	Vendémiaire	- Septembre.
— 1793	— 1794	—	II	Brumaire	- Octobre.
— 1794	— 1795	—	III	Frimaire	- Novembre.
— 1795	— 1796	—	IV	Nivôse	- Décembre.
— 1796	— 1797	—	V	Pluviôse	- Janvier.
— 1797	— 1798	—	VI	Ventôse	- Février.
— 1798	— 1799	—	VII	Germinal	- Mars.
— 1799	— 1800	—	VIII	Floréal	- Avril.
— 1800	— 1801	—	IX	Prairial	- Mai.
— 1801	— 1802	—	X	Messidor	- Juin.
— 1802	— 1803	—	XI	Thermidor	- Juillet.
— 1803	— 1804	—	XII	Fructidor	- Août.
— 1804	— 1805	— XIII			
— 1805 au 31 déc. 1805	— XIV				

Le 21 Fructidor An XIII, on décrète le rétablissement de l'ancien calendrier, à partir du 1er Janvier suivant 1806.

Le 31 Décembre 1805 correspond au 10 Nivôse An XIV.

Le 4 Frimaire correspond au 14 Novembre.

Donc :

Le 22 de chaque mois correspond au 1er du mois républicain.

23	—	—	2	—	—
24	—	—	3	—	—
25	—	—	4	—	—
26	—	—	5	—	—

Le 27 de chaque mois correspond au 6 du mois républicain.

28	—	—	7	—	—
29	—	—	8	—	—
30	—	—	9	—	—
31	—	—	10	—	—

et ainsi de suite.

NOTA.

J'ai calculé les dates correspondantes suivant le tableau ci-dessus, dont je dois avertir que je n'ai pas eu, jusqu'ici, le moyen de vérifier l'absolue exactitude. Je fais donc mes réserves en cas d'erreur, pour les dates équivalentes que j'ai cru pouvoir placer à côté de celles du calendrier républicain.

OBSERVATIONS

Nous trouvons un Jean Delranc, parrain d'un Jean Beaux, fils d'Étienne Beaux en 1706 ; or, un Pierre Delranc est témoin à la sépulture de François Beaux, fils de feu Jean Beaux de Saint André de Majencoules le 5 décembre 1734, et au baptême de François Beaux, fils de Louis Beaux et de Constance Voisin le 16 décembre 1738 ; un Jean Delranc est témoin à la sépulture de Jacques Beaux, fils d'autre Jacques Beaux de Saint André de Majencoules le 18 novembre 1739, témoin à la sépulture de Marie Beaux, fille de Louis Beaux et de Constance Voisin le 26 mars 1747, et témoin à la sépulture de Pierre Beaux, fils de Jean Beaux et de Louise Grousset le 26 mars 1770. Enfin, un Pierre Beaux épouse une fille Bruguière-Delranc le 11 nivôse an V. Voilà donc une famille qui, de père en fils, continue, pendant près d'un siècle à témoigner aux actes des divers Beaux, avec laquelle elle finit par s'apparenter.

De même, nous trouvons : Jeanne Fourestier, marraine de Jean Beaux, fils d'Étienne Beaux, le 1er novembre 1706 ; Pierre Fourestier, témoin au mariage de Marie Beaux, fille de Jean Beaux, le 18 août 1725 ; Jean Fourestier, témoin à la sépulture de François Beaux, fils de feu Jean Beaux de Saint André, le 5 décembre 1734. Voilà donc une autre famille qui, pendant 28 ans, rend les mêmes services indistinctement à divers Beaux.

De même, Louis Amat, présent au mariage d'Antoine Beaux, fils de feu Etienne Beaux, le 6 novembre 1724, est parrain de Jeanne Beaux, fille de cet Antoine Beaux, le 25 janvier 1728, et parrain de Marguerite Beaux, fille de cet Antoine Beaux, le 4 décembre 1729.

De même, Alibert, présent au décès du fils d'Étienne, en 1701, présent au baptême de Jeanne Beaux, fille d'Antoine Beaux, le 25 janvier 1728, présent au baptême de Jean Beaux, fils de Louis Beaux et de Constance Voisin, le 29 novembre 1733, est présent

8

au baptême de Jeanne Beaux, fille de Louis Beaux et de Constance Voisin, le 7 novembre 1743. — Louis Alibert, présent à la sépulture de Louise Beaux, fille de Louis Beaux et. de Marguerite Castan, le 5 septembre 1765, est présent à la sépulture de Pierre Beaux, fils de Jean Beaux et de Louise Grousset, le 5 septembre 1770.

De même, Tardres, dont Antoine Voisin a été héritier universel d'une Jeanne Tardres, qui laisse également à Constance Voisin, fille d'Antoine Voisin, une donation relatée lors de son mariage avec Louis Baud le 27 octobre 1726, présent à la sépulture de Jacques Beaux, fils de Jacques Beaux de Saint André de Majencoules le 18 octobre 1739, est présent à la sépulture d'Antoine Beaux, fils d'Étienne Beaux, le 10 août 1764; Élisabeth Tardres est marraine d'Élisabeth Beaux, fille de Beaux et de Louise Grousset en 1780. — Simon Tardres, oncle de Louise Elisabeth Beaux, est présent à son contrat de mariage avec François Ravès, le 19 brumaire an VI.

De même, Crispin, présent au mariage d'Antoine Beaux, fils d'Étienne Beaux, le 6 novembre 1724; Crispin (Fulcrande), marraine d'Anne Beaux, fille de Louis Beaux et de Constance Voisin, le 17 janvier 1740.

La présence de ces divers témoins, pendant si longtemps, aux divers actes des divers Beaux, démontre l'étroite parenté qu'ils avaient entre eux tous, puisqu'ils avaient les mêmes familles d'amis toujours prêts à les assister tous, indifféremment, dans la constatation des principaux actes les concernant. J'en conclus donc à la démonstration indiscutable de l'unité d'origine de ces divers Beaux.

Le fait que, dans l'acte de mariage de Marie Beaux, son père est déclaré *feu*, c'est-à-dire décédé,

Et que, dans l'ordre des témoins, celui qui le remplace, Guillaume, est placé avant le père de l'époux, Guillaume Beaufet, indique également d'une façon irréfutable que ce témoin n'est pas placé là par hasard, mais bien par rang de parenté. C'est donc probablement un frère de *feu Jean*, c'est-à-dire un oncle de l'épouse.

— Claire Ager, marraine de Joseph (fils de Louis Beaux, époux de Constance Voisin) — 2 mars 1747 — doit être le même nom que Augier, présent au mariage de Marie Beaux, fille de Louis et de Castan, le 15 septembre 1778.

———————

— Aubanel, présent au mariage de Louis Beaux avec Constance Voisin, le 27 octobre 1726; Joseph Aubanel, plus tard époux d'Anne Voisin, présent au baptême de Jean Baptiste Beaux en 1782, parrain de ses enfants, et témoin de son décès, en 1791, parrain le 25 septembre 1768 de Joseph, fils de Louis et de Castan; parrain le 17 février 1771 de Joseph, fils de Jean et de Grousset, prouvent la continuité des bons rapports de parenté qui existaient entre les Beaux Louis, Jacques, Jean Baptiste, et les Jean, et leurs alliés ou amis communs.

———————

Guilhaume, né probablement vers 1655, existait lors du mariage de sa nièce Marie en 1725. — On voit, puisqu'il n'en est plus question nulle part, qu'il mourut sans postérité.

Etienne, né vers 1667, a dû mourir avant 1724, puisque, au mariage de son fils Antoine, à cette époque, on dit de lui : fils de *feu* Etienne.

Marie disparaît dans sa nouvelle famille Beaufet.

Etienne se marie une première fois, en 1690, avec Jeanne Pélegrine, et une seconde fois, en 1698, avec Elisabeth Sabornière. Viala, témoin à son premier mariage, ainsi qu'au décès de son premier fils, Etienne, prouve qu'il s'agit bien du même Etienne, d'autant plus qu'on ne retrouve plus nulle part trace d'un second Etienne, et qu'il est inadmissible qu'il y en ait eu deux à Lasalle, et s'y mariant tous deux, à peu près à la même époque.

De même, Alibert, témoin au décès de son premier fils, Etienne, en 1701, ainsi qu'à l'acte de baptême de la fille d'Antoine, son second fils, ainsi qu'à celui du fils de Louis, indique la parenté d'Etienne fils, d'Antoine, et de Louis.

Néanmoins, on ne s'explique guère le motif pour lequel Louis, pas plus que ses autres parents, plus tard, n'ont jamais réclamé le concours d'Antoine comme parrain, ni comme témoin, en aucun acte.

———————

Une autre preuve de la parenté des Baux de Lasalle avec les nouveaux venus : Baud, de provenance de Saint-André, la voici :

Du décès de François Baud, fils de Jean Baud Berthézène, le 5 décembre 1734, sont témoins : Pierre Delranc et Jean Fourestier de même que, le 29 décembre 1706, sont parrains de Jean Baux, fils d'Etienne Baux et de Sabonnière, les mêmes noms : Jean Delranc et Jeanne Fourestier.

Me contentant de démontrer, comme ci-dessus, la parenté qui devait exister dès l'origine entre les divers Baux de Lasalle, je m'abstiendrai néanmoins d'énumérer la généalogie des Jean, Guillaume, Etienne Baux, époux de Jeanne Pélerin, puis, sans doute en secondes noces, de Isabeau Sabonnière, ainsi que celle de son fils Antoine, époux de Marguerite Malon, de même que celle de Marie Beaux, épouse de Beaufet, tous ces Baux n'ayant aucune attache bien établie avec notre propre généalogie, autre que la continuité de témoignage de certains amis communs de ces divers Beaux, dont il a été fait mention spéciale dans ce chapitre.

La tradition, dans notre famille, veut que nous descendions de Meyrueis. La communauté de profession avec les Baud, de Meyrueis, tous maréchaux ferrants comme les Beaux de Lasalle, le prouve également.

On voit que les Baud de Meyrueis ont conservé leur orthographe originaire, tandis que ceux d'entre eux venus à Lasalle ont adopté aussitôt celle des Baux qui s'y trouvaient déjà. Il est donc probable que ces Baux étaient issus de la même famille, et de Meyrueis, et avaient changé l'orthographe de leur nom, à Lasalle, ce qui a été aussitôt imité par Louis Baud dès qu'il y est arrivé. Ce fait est peut-être même la conséquence de l'orthographe préférée par les notaires de Lasalle plutôt que celle d'une préférence de ces mêmes Baux, puisque les premiers d'entre eux étaient illettrés. Ce qui le prouverait, c'est le fait de l'orthographe *Baux* adoptée dans tous les actes notariés de Lasalle, même alors que l'acte parle de Beaux illettrés, comme au baptême de Suzanne Baux en 1736, alors que les actes notariés de Saint-André, de la même époque, et relatifs aux mêmes individus, les orthographient *Baud*.

Un fait curieux à remarquer, et qui dénote une certaine fermeté de caractère et d'opinions dans la famille, c'est qu'aucun des Baux n'a changé de religion à l'époque de la Réforme, ni depuis, tandis qu'ils se sont trouvés dans les pays les plus envahis par le protestantisme.

Notes sans importance directe ni spéciale pour nous, qu'il serait pourtant intéressant de se procurer pour connaître plus exactement les rapports entre ces faits et ceux qui nous concernent plus spécialement :

18 avril 1698. — Contrat d'Etienne Beaux avec Elisabeth Sabonnière.

18 août 1725. — Id. de Marie Beaux avec Beaufet.

10 janvier 1739. — Vallerangues. Quittance de Jean Caulet, bourgeois de Vallerangues à Antoine Baud, collecteur de Saint-Sauveur de Pourcils.

1789. — Testament de Jeanne Beaux, fille d'Antoine, née le 25 janvier 1728, décédée le 29 juillet 1789.

1793. — Transaction entre Justin Beaux et Louis Dumas.

10 août 1811. — Contrat de mariage d'Angélique Beaux avec Augustin Fort.

Id. de Jean-Baptiste Beaux avec Marie Priscille.

De même, revoir chez Mᵉ Boissière, le testament de Beaux Louis — Moinier, pour y connaître les noms des huit enfants y désignés.

N. B. — Sauf erreur dans l'impression, toutes les dates et les faits que j'expose dans ce livre, comme me provenant d'actes publics, sont absolument exacts et certains.

Seules, les dates qui m'ont été fournies par quelques-uns de nos parents, sur des faits contemporains les concernant, sont susceptibles d'erreur. — Aux intéressés de les rectifier à l'occasion.

Pour ceux qui voudraient établir un rapport de contemporanéité entre les divers membres de cette généalogie et les divers gouvernements qui se sont succédé en France dans le même temps, j'ajouterai ce qui suit :

Louis XIII est mort en 1643.				
Louis XIV	a régné depuis	1643	jusqu'à	1715.
Louis XV	—	—	1715	—	1774.
Louis XVI	—	—	1774	—	1793.
La République	—	—	1793	—	1804.
Napoléon Iᵉʳ	—	—	1804	—	1815.
Louis XVIII	—	—	1815	—	1824.
Charles X	—	—	1824	—	1830.
Louis-Philippe	—	—	1830	—	1848.
La République	—	—	1848	—	1852.
Napoléon III	—	—	1852	—	1870.
La IIIᵉ République	—	—	1870.		

Notre premier aïeul est donc né sous le règne de Louis XIII, c'est-à-dire à peu près à la même époque que Louis XIV.

CONCLUSIONS

GÉNÉALOGIE DE LA FAMILLE

BRANCHE PRINCIPALE

ET DIRECTE

POUR CE QUI ME CONCERNE, AINSI QUE MES DESCENDANTS

Première génération.

De Jean Baud, maître maréchal-ferrant, né vers 1640.
Et de Toinette Dommenge, tous deux de Saint-André-de-Majencoules,
Mariés le 26 mai 1667,
Naquirent :

11 juillet 1669. — Jean. Parrain : Jacques de Boyer, de la Rouvière. Marraine : Catherine Foujolle.

28 décembre 1670. — Marie. Parrain : Teissier.
Marraine : Marguerite Emenard, de la Coste.

..... ? Jacques, plus tard parrain de Jean Baud, le 11 novembre 1692.

Deuxième génération.

De Jean Baud, maître maréchal-ferrant, de vingt-deux ans, fils de Jean Dommenge ;
Et de Jeanne Berthézène, de vingt-cinq ans, fille de Charles, et de Sarran du Mazel, — tous deux domiciliés à Saint-André,
Mariés le 17 janvier 1692,

Naquirent :

11 novembre 1692. — Jean (1). Parrain : Jacques Baud (sans doute frère du père (ou du grand-père). Marraine : Sarrau, du Mazel (sans doute la grand'mère).

..... ? — Jacques.

12 septembre 1700. — François. Parrain : Fulcrand Dandé, de la Coste, [plus tard maître maréchal, et parrain, le 19 août 1729, du fils de son frère Jacques]. Marraine : Jeanne Laporte, du Mazel.

..... ? — Louis,

..... ? — Anne,

25 juillet 1706. — Un mort-né.

ANNOTATIONS

Le 24 mars 1727. — Jean fait son testament. Probablement peu de temps avant sa mort.

Le 13 novembre 1752. — Convention entre Louis, Suzanne Maffré, veuve de Jacques, et François, relativement à la succession de Jean, décédé en 1727, à la survivance de cinq enfants.

Donc, les cinq ci-dessus, dont il ne restait plus que Louis et François, en 1752.

OBSERVATION (1)

Le 16 novembre 1738. — Baptiste Baux, oncle paternel de François, fils de Louis Voisin, est son parrain.

Il est donc frère de Louis Voisin.

Et, en conséquence, fils de Jean-Berthézène.

Or, comme il n'en est pas question dans le testament de son père, le 24 mars 1727, il faudrait en conclure que ce Baptiste devait s'appeler également Jean (soit Jean-Baptiste), et être celui né et désigné sous le nom de Jean, le 11 novembre 1692.

Le 7 novembre 1743, Jean-Baptiste Beaux est parrain de Jeanne, fille de Louis-Voisin (*a*).

(*a*) Observer que, par abréviation, j'ai remplacé partout le nom des *Beaux* par un trait d'union entre leur prénom et le nom de leur épouse, énoncé à la suite, afin de distinguer les uns des autres les nombreux homonymes. Ainsi, par exemple : Louis-Voisin signifie Louis Beaux, époux de Constance Voisin ; Jean-Berthézène signifie : Jean Beaux, époux de Jeanne Berthézène ; et ainsi de suite.

Ceci indique bien que : Jean Beaux, Baptiste Beaux et Jean-Baptiste Beaux ne forment qu'une seule et même personne.

La convention du 13 novembre 1752, entre les survivants de Jean-Berthézème : Louis et François, indique également ce que ci-dessus.

· Troisième génération.

De Louis Baux, maréchal-ferrant, natif de Saint-André-de-Majencoules, habitant de Lasalle, fils de Jean et de feue Jeanne Berthézène, traitant du consentement de son frère Jacques, de Saint-André, procureur de leur père,

Et de Constance Voisin, fille d'Antoine, et de Jeanne Gros, de Saint-Bonnet, traitant du consentement de ses père et mère présents ;

Mariés le 27 octobre 1726. Présents : Barthélemy Delis, de Saint-Bonnet ; Bellon, Bourguet, Aubanel ;

Naquirent :

1727-29 ?... — Jean-Baptiste (1), plus tard maître maréchal-ferrant à Saint-Hippolyte.

1730, 15 janvier. — Louis. Parrain : Antoine Voisin, son oncle. Marraine : Marie Ducros.

Présents : Sabatier, Ducros.

1731, 18 novembre. — Jacques. Parrain : Jacques Beaux, son oncle. Marraine : Jeanne Voisin. — Plus tard maréchal à Saint-Hyppolyte avec Jean-Baptiste.

1733, 29 novembre. — Jean. Parrain : Jean Voisin, son oncle. Marraine : Anne Beaux, de Saint-André, sa tante.

Présents : Vital, Jubilin, Alibert.

OBSERVATION (1)

Le 15 août 1758. — *Baptiste,* frère de Jean, fils de Louis-Voisin, est témoin au mariage de son frère avec Louise Grousset.

Le 26 septembre 1762. — *Jean Baptiste* est parrain de son neveu Jean Baptiste, fils de ce même Jean.

Or, le 22 novembre 1761, une quittance de Rodier en faveur de Jean Baptiste de Saint Hippolyte, fils aîné de Louis-Voisin, absent, représenté par son père, indique qu'il y a vraiment eu un Jean Baptiste, oublié dans la nomenclature des fils de Louis-Voisin. Baptiste et Jean Baptiste, doit donc être le même individu, né vers 1727-1729.

Le 20 août 1753. — Jean Baptiste Beaux de Saint-Hippolyte et Jacques Beaux de Lasalle, assistent au mariage de leur frère Louis. Nouvelle preuve que ce Jean Baptiste a été l'aîné, oublié dans la nomenclature des fils de Louis-Voisin.

1736. — *Suzanne.* Parrain : Antoine Voisin, oncle maternel. Marraine : Suzanne Maffré, tante paternelle, femme de Jacques Beaux, de Saint André.

Présents : Jacques Beaux de Saint André, et Jubilin.

16 novembre 1738. — *François.* Parrain : Baptiste Beaux, oncle paternel. Marraine : Anne Voisin, tante maternelle.

Présents : le père, le parrain et Pierre Delranc.

17 janvier 1740. — *Anne.* Parrain : Joseph Voisin, oncle maternel. Marraine : Fulchrande Crispin.

Présent : Beaux.

7 novembre 1743. — *Jeanne.* Parrain : Jean Baptiste Beaux. Marraine : Marie Voisin.

Présents : Alibert, Beaux.

20 mars 1746. — *Marie.* Parrain : Jean Baptiste Voisin. Marraine : Marie Adoul.

Présent : Voisin.

(Décédée le 26 mars 1746.)

Présents : Delranc, Beaux.

2 mars 1747. — *Joseph.* Parrain : Joseph Aubanel. Marraine : Claire Ager.

Présents : Aubanel, Valat.

(C'est ce Joseph qui, maître maréchal à Saint Bauzille, plus tard, fut le parrain de sa nièce Louise, en 1763, et témoin au mariage de son neveu Jean, avec Madeleine Banal, le 18 octobre 1785. Sans fils, puisqu'il n'y en a aucun de signalé avec lui à ce mariage où, au contraire, se trouve son neveu Louis, de Lasalle.)

8 octobre 1750. — *Louise.* Parrain : Jean Beaux, son frère. Marraine : Jeanne, sa sœur.

Présents : Jean Baptiste Vallée, et Aubanel.

(Décédée le 27 août 1752.)

Présent : Toussaint.

9 juin 1754. — *Jean Louis.*

(Décédé le 25 juin 1754.)

Présent : Faïolle, oncle de Jeanne Castan, épouse de Louis Beaux, fils.

ANNOTATIONS

Le 25 mars 1733, Louis Beaux acquiert la vigne de Causse Nègre, de Claude Sujol.

Le 2 septembre 1739, il afferme une pièce de terre, jardin, et pré, du sieur Pierre de Piolenc.

Le 9 janvier 1743, il acquiert, du Sieur Pierre Salles, une petite maison comprenant une boutique, déjà occupée par lui, et une écurie.

Le 15 février 1746, il acquiert en location perpétuelle, conjointement avec son beau-frère, Jean Baptiste Voisin, une maison avec jardin, au quartier de la Gravière, de Jean Tournon, du hameau de Calviac.

Le 22 février 1747, Campredon se désiste de tous droits sur l'eau de la source qui se trouve vis-à-vis de la vigne du Causse Nègre.

18 mars 1750. — Partage entre Louis et Jean Baptiste Voisin, voiturier, de la locatairie de Jean Tournon.

13 novembre 1752. — Convention entre Louis et Suzanne Maffré (veuve Jacques), et François Baud.

7 octobre 1758. — Acte entre la baronne de Barre et Etienne Sujol, donnant droit d'appui à Beaux.

22 novembre 1761. — Quittance de Rodier, en faveur de Jean Baptiste Beaux de Saint-Hippolyte, fils aîné de Louis-Voisin, absent, représenté par son père.

— Cet acte prouve que Jean Baptiste est tout autre que son frère Jean, époux de Louise Grousset.

N. B. — Constance Voisin, épouse de Louis Beaux, existait encore en 1760, puisqu'elle fut, à cette époque, marraine de Jean Beaux, son petit-fils.

Quatrième génération.

De Jean Beaux, maître maréchal-ferrant, né le 29 novembre 1733, fils de Louis-Voisin, décédé le 13 octobre 1791,

Et de Louise Grousset, fille de Guillaume (décédé à 77 ans), et d'Elisabeth Bastide, tous deux de Lasalle,

Mariés le 15 août 1758, présents : le père, Louis, et le frère aîné de l'époux, Jean Baptiste, et Joseph Aubanel,

Naquirent :

23 novembre 1760. — Jean.
    Parrain : Guillaume Grousset, grand-père.
    Marraine : Constance Voisin, grand'mère.

26 septembre 1762. — Jean Baptiste.
    Parrain : Jean Baptiste, oncle paternel.
    Marraine : Antoinette Grousset, tante.
    Décédé à 3 ans environ, le 17 octobre 1765.
    Présents : Tardres-Alibert.

30 août 1767. — Anne.
    Parrain : Jean Grousset.
    Marraine : Anne Voisin.
    Décédée jeune, puisqu'elle ne figure pas à l'inventaire après décès du père, le 20 octobre 1791.

1768. — Jacques, décédé le 13 septembre 1776, à 8 ans environ.

25 mars 1769. — Pierre.
    Parrain : Pierre Grousset.
    Marraine : Marie Grousset.
    Décédé à 15 mois, en 1770.
    Présents : Delranc, Grousset.

1765-1770. — François, qui devait être majeur le 7 mars 1792 pour pouvoir tester.
    Décédé l'an III, à la guerre, en Italie.

17 février 1771. — Joseph.
    Parrain : Joseph Aubanel.
    Marraine : Anne Voisin.
    Décédé le 4 septembre 1772, à 17 mois.
    Présent : Grousset.

17 octobre 1773. — Pierre.
    Parrain : Jean, son frère.
    Marraine : Marie Grousset, sa tante.

9 août 1778. Joseph.
    Parrain : Jacques, son oncle de Saint-Hippolyte, maître maréchal-ferrant.
    Marraine : Marie Beaux, sa cousine (probablement fille du parrain ci-dessus.
    Décédé le 30 juillet 1779.

10 mars 1780. — Louise Élisabeth.

Parrain : Pierre Vernet.

Marraine : Elisabeth Tardres, épouse de François Ravès, le 6 nivose, an VI.

Présents : son frère Jean, son oncle Jean Grousset ; Simon Tardres, son oncle ; Pierre Beaux, son oncle ; Louise Grousset, sa mère.

ANNOTATIONS

Le 15 octobre 1769, Jean acquiert de son frère Jean Baptiste, maître maréchal à Saint Hippolyte, la vigne du Causse Nègre, au prix de 1,000 francs.

Le 12 décembre 1774, transaction entre lui et Théodore Bouvier, relativement à la jouissance de la source et du réservoir du Causse Nègre.

Le 26 avril 1780, transaction entre lui et Jean Durand, représentant Jean Salles, pour l'acquit définitif de la boutique et de l'écurie vendues à son père, Louis, le 9 janvier 1743, moyennant une rente perpétuelle.

22 janvier 1785. — Acquisition de la vigne, pré, mûriers, et châtenet de la Coste de l'Euze, ou Nibles, avec bâtiment rural, au prix de 1,900 livres.

1785. — Quittance à Jean Beaux par Antoine Beaux.

1787. — Baptême de Jean Pierre Grousset, fils de Jean Grousset et de Jeanne Itier. Parrain : Pierre Beaux.

1788-1789. — Quittance à Jean Beaux par Cabanis.

1789. — Quatre signatures de Jean Beaux, comme témoin à quatre sépultures.

13 septembre 1791. — Testament de Jean Grousset.

13 septembre 1791. — Son testament. Estimation de ses biens.

13 octobre 1791. — Son décès.

20 octobre 1791. — Inventaire de ses biens par devant son frère Jacques, de Saint-Hippolyte, sa veuve.et ses quatre enfants : Jean, François, Pierre et Louise Élisabeth.

7 mars 1792. — Testament de François, en faveur de sa mère, Louise Grousset, veuve Beaux et de son frère Jean.

Cinquième génération.

De Jean Beaux, maître maréchal, fils de Jean, et de Louise Grousset, né le 23 novembre 1760, décédé le 13 avril 1826,

Et de Marie Madeleine Banal, de Saint Bauzille du Putois,
Décédée le 9 octobre 1833, à 74 ans,
Mariés le 18 octobre 1785. Témoins : son oncle, Joseph Beaux,
maître maréchal à Saint-Bauzille, et son cousin germain, Louis
Beaux, maître maréchal à Lasalle,
Naquirent :

26 mars 1787. — Jean.
Parrain : Jean Beaux, son grand-père.
Marraine : Marianne Ginoulhiac, veuve Banal, sa grand'mère.
Présents : le père, et Grousset.
Plus tard maître maréchal à Lasalle, époux de Magdeleine
Grégoire.
Décédé le 9 avril 1871.

19 juin 1789. — Louise Françoise.
Parrain : François Beaux, son oncle.
Marraine : Louise Grousset, épouse de Jean Beaux, sa grand'-
mère.
Cette Louise a dû mourir jeune, puisqu'il y en a une autre de
ce nom en 1793.

23 septembre 1790. — Jean François.
Parrain : Jean François Banal, son oncle, étudiant.
Marraine : Elisabeth Bastide, veuve de Guillaume Grousset,
sa bisaïeule.
Présents : père, grand-père et parrain.
Mort à la guerre de Russie (probablement à la retraite de
Moscou), en 1812.

3 avril 1793. — Louise.

4 prairial An V. — Elisabeth Rosalie, épouse de Jean Louis
Aliger, le 18 juillet 1821.
Décédée à 27 ans, le 9 avril 1824.

25 pluviôse An VIII. — Jean Auguste, mon père. (12 janvier 1800.)

1802. — Louis, plus tard maître maréchal, et maire de Saint-
Martin de Londres.
Décédé le 15 novembre 1880.

21 janvier 1805. — Jules (de Césas, plus tard), décédé le 25 septembre 1865.

24 septembre 1807. — Marie Adélaïde, épouse d'Étienne Gal-
déric Calvet, de Sauve, le 9 janvier 1827.

ANNOTATIONS

12 février 1773. — Testament de Jean Banal, père de Madeleine.

30 janvier 1791. — Baptême de ..... Parrain, Jean Beaux.

18 mai 1791. — Mariage de ..... Présents : Jean Beaux et Pierre Beaux, tailleur.

11 janvier 1792. — Jean se rachète de la rente foncière due à Jean Durand pour l'acte du 9 janvier 1743.

9 mai 1792. — Baptême de Marie Tiers ..... Jean, parrain par procuration de Pierre Falguerote de Rhodez.

24 juillet 1794. — Acquisition du château inférieur de Saint-Bonnet avec Jean Bruguier, maire de Lasalle, au prix de 21,000 francs.

9 nivôse An III. — Revente de ce château.

28 pluviôse An III. — Quittance de cette revente.

6 pluviôse An VI. — Transaction entre Jean et son frère Pierre.

27 août 1801. — Quittance de François Ravès, à son beau-frère Jean.

26 mars 1805. — Acquisition de la maison de la Croix, à 11,000 francs.

17 avril 1806. — Mariage entre Jean Olivier et Marie Grégoire.

15 octobre 1807. — Acquisition du moulin de Cornély, revendu à Louis des Hours de Calviac à 24,600 francs.

19 novembre 1808. — Acquisition de la maison de la Coupe d'Or à 11,000 francs.

13 avril 1811. — Association avec son fils, pour la forge, le jour de son mariage.

8 mai 1811. — Etat de ses outils.

27 juillet 1811. — Achat de la vigne de Fabreguettes.

29 septembre 1811. — Transaction avec son beau-frère Banal.

30 novembre 1811. — Quittance de Durand, pour la maison de la Coupe d'Or.

19 septembre 1816. — Bail de Jean Banal, son beau-frère, en sa faveur, en payement.

8 mai 1820. — Permission d'appui accordée à Paul Roque, pour la maison de la Croix.

16 novembre 1822. — Bail, ferme et procuration en faveur de ses fils, Jean et Auguste.

9

Son testament.

14 avril 1824. — Quittance et décharge de 2,600 francs en faveur de Jean et d'Auguste.

13 avril 1826. — Son décès, à 63 ans.

6 février 1827. — Partage entre ses enfants.

1832. — Assignation aux enfants de Jean, pour l'affaire contre Aliger et Ravès.

9 octobre 1833. — Décès de son épouse, Madeleine Banal.

Sixième génération.

D'Auguste Beaux, négociant, fils de Jean et de Madeleine Banal,

Né le 25 pluviôse An VIII (12 janvier 1800), de Lasalle,

Décédé à Lyon le 3 juin 1858, à l'âge de 58 ans.

Epoux de Clotilde Lenoir, de Lyon, décédée le 20 novembre 1855,

Mariés à Lyon, le 27 février 1839.

Naquit à Lyon, le 27 février 1840, Ferdinand Auguste.

Parrain : son cousin germain Ferdinand, de Sumène.

ANNOTATIONS

5 mai 1830. — Vente à son frère aîné Jean, de sa portion de la filature de la maison de la Croix.

18 mars 1832. — Vente de la vigne du Causse Nègre.

27 juillet 1833. — Acte d'abandon, quittance et donation entre vifs par sa mère, Banal veuve Beaux, à ses enfants, et plus particulièrement à lui.

31 juillet 1833. — Acceptation de cette donation par Adélaïde et par lui.

2 novembre 1833. — Accord et quittance entre Jean et Auguste.

8 décembre 1833. — Vente de sa part de l'auberge de la Coupe d'Or à Louis Vidal.

10 février 1839. — Contrat de son mariage avec ma mère, Clotilde Lenoir.

20 novembre 1855. — Décès de ma mère.

12 février 1856. — Contrat de mariage en secondes noces avec Mademoiselle Bouvier Lacras de Marcillole (Isère).

19 février 1856. — Acte de ce mariage, et sa célébration.
27 avril 1858. — Procuration de mon père en ma faveur.
7 juin 1858. — Son décès.

Septième génération.

D'Auguste, négociant, fils d'Auguste et de Clotilde Lenoir,
né à Lyon le 27 février 1840,
Et d'Amélie Beaux, de Lasalle, fille de son cousin germain
Fulcrand Beaux,
Mariés le 7 février 1861,
Naquirent :

25 novembre 1861. — *Louise,* décédée le 16 juin 1865, à
Lyon, de la coqueluche.
Parrain : Fulcrand Beaux, son grand-père.
Marraine : Veuve Ursule Beaux, ma belle-mère.

7 février 1863. — *Auguste.*
Parrain : Ernest Beaux, son oncle.
Marraine : Ernestine Valdeiron, sa cousine.

8 juin 1864. — *Georges.*
Parrain : Ferdinand Beaux, de Sumène.

20 août 1866. — *Léon.*
Parrain : Richard, de Lyon.

5 août 1868. — *Maurice.*
Parrain : Ernest Beaux,
Marraine : Louise Vadoux, ma cousine.

28 mai 1871. — *Louis,* décédé le 19 septembre 1874, à Sau-
Pellegrino, en trois jours, des suites d'une chute qui lui
occasionna une méningite.

8 juillet 1873. — *Louise.*
Parrain : Edouard Payen, de Lyon.
Marraine : Louise Vadoux.

24 septembre 1878. — *Amélie.*
Parrain : Louis Sèze, de Bordeaux.
Marraine : son épouse.

ANNOTATIONS

27 avril 1878. — Procuration commerciale de mon père, en ma faveur.

14 juin 1858. — Actes de mon émancipation après le décès de mon père.

11 juillet 1858. — Premier testament en ma faveur, de sa veuve.

13 juillet 1858. — Mon acte d'association avec Jules Dumas, de Lasalle.

16 janvier 1863. — Titre de créance de la faillite Guyon, où je perdis tout mon avoir, le 1er janvier 1863 (environ 50,000 francs).

Juin 1865. — Mon établissement à Milan (Italie).

1er mai 1866. — Mon association avec Gervais frères d'Anduze, pour la suite de ma maison commerciale Lyon.

1870-1871. — Correspondance avec Ernest pendant la guerre 1870-1871.

Son livret militaire et certificat de blessures.

2 juillet 1871. — Croix de bronze et Diplôme de la Société française de secours aux blessés, pour services rendus aux militaires français, à Milan, pendant la guerre de 1870-1871.

3 novembre 1872. — Acquisition de Saint-Pellegrino.

1873. — Acquisition du jardin.

13 mars 1877. — Acquisition de la pièce de terre à côté du jardin.

13 avril 1877. — Concession à perpétuité au cimetière de Lasalle.

6 janvier 1878. — Deuxième testament de ma belle-mère, veuve Ursule Baux, en ma faveur.

21 octobre 1878. — Médaille d'argent à l'Exposition universelle de Paris.

26 décembre 1878. — Acquisition, au nom de mon épouse, de la vigne contiguë à celle de mon beau-père, à Lasalle.

14 décembre 1880. — Décoration de la Couronne d'Italie.

6 mai 1881. — Autorisation de la Chancellerie de la Légion d'honneur d'accepter et de porter cette décoration étrangère.

3 octobre 1881. — Médaille d'argent à l'Exposition nationale de Milan.

3 octobre 1881. — Médaille de bronze à cette même Exposition pour l'Orphelinat de Saint-Pellegrino.

19 juillet 1881. — Diplôme de bachelier d'Auguste.

7 novembre 1881. — Son livret militaire.

6 novembre 1883. — Livret militaire de Georges.

4 novembre 1886. — Livret militaire de Léon.

22 juillet 1887. — Diplôme de bachelier de Maurice.

11 novembre 1888. — Son livret militaire.

29 septembre 1889. — Médaille d'or à l'Exposition universelle de Paris.

Médaille de bronze à cette même Exposition pour l'Orphelinat de Saint-Pellegrino.

BRANCHES COLLATÉRALES

BRANCHE DE MON BEAU-PÈRE

Sixième génération, collatérale.

De Jean Beaux, maître maréchal, fils de Jean et de Madeleine Banal,

Né le 26 mars 1787, décédé le 9 avril 1871, à 83 ans,

Et de Madeleine Grégoire, de Valflonés, décédée le 16 septembre 1848,

Mariés le 13 avril 1811.

Témoins: Jacques Beaux, maître maréchal à Saint-Hippolyte,
— François Malzac, — — —
— Jean Grousset fils, — — à Lassalle.

Naquirent :

23 décembre 1812. — *Marie Madeleine,* épouse Valdeiron, le 22 janvier 1834.

5 avril 1815. — *Jean Fulcrand.*
Parrain : Fulcrand Grégoire, de Valflonès, son grand-père maternel.— Epoux de Rosine Favier, le 21 novembre 1836.

7 mai 1819. — *Auguste Ferdinand,* qui a dû mourir jeune.

17 février 1822. — *Jules Ferdinand.*
Parrain : Jules, son oncle de Cézas.
Marraine : Adélaïde Calvet, sa tante.
Plus tard époux de Mademoiselle Cambon, puis de Mademoiselle Poujol, négociant en graines de vers à soie, à Sumène.

ANNOTATIONS.

18 juillet 1821. — Jean demeure autorisé par son père à exiger le payement dû à l'hérédité du père commun de lui, l'aîné et de ses frères, par Aliger, en cas de décès de Rosalie, son épouse, sans postérité.

1ᵉʳ janvier 1824. — Accord entre lui et son frère Auguste.

10 octobre 1828. — Bail à titre de ferme à son beau-frère Olivier.

21 octobre 1828. — Quittance de Calvet, à lui, de 4,000 fr.

22 mars 1829. — Vente à Galtier de la vigne de Batatides.

5 mai 1830. — Achat à Auguste de sa portion de filature attenant à la maison de la Croix.

9 mai 1830. — Obligation en faveur de Louis Leblanc Roullet.

27 novembre 1833. — Quittance de Calvet à Jean.

8 janvier 1834. — Contrat de mariage de sa fille avec Valdeiron.

8 janvier 1835. — Accord et quittance avec son beau-frère Olivier.

14 novembre 1835. — Jugement Costeraste contre Bargie.

28 août 1840. — Obligation en faveur de son fils Fulcrand.

14 novembre 1844. — Inscription contre Louis et Suzanne Aliger.

16 septembre 1848. — Décès de Madeleine Grégoire, son épouse, à l'âge de 70 ans.

13 mars 1849. — Payement des droits de succession du décès de Madeleine Grégoire.

15 juillet 1850. — Inscription en faveur de Fulcrand.

4 octobre 1853. — Fragments d'une donation à ses enfants.

26 avril 1860. — Cession à Fulcrand de la créance Aliger.

9 avril 1871. — Décès de Jean Beaux, époux de Madeleine Grégoire, à 83 ans.

Septième génération, collatérale.

De Jean Fulcrand, maître maréchal, vétérinaire, et graineur de vers à soie, fils de Jean, et de Madeleine Grégoire,

Né le 5 avril 1815,

Et de Rosine Favier de Saint Martin de Londres, née le 23 septembre 1818, décédée le 2 avril 1860,

Mariés le 21 novembre 1836,

Naquirent :

6 mai 1839. — *Marie Amélie Virginie*, mon épouse.

Décembre 1841. — *Jean Fulcrand*, décédé le 3 mai 1843, à 18 mois.

21 décembre 1844. — *Ernest*, décédé le 27 octobre 1871, en suite des blessures reçues à la guerre de 1870-1871.

24 janvier 1849. — *Marie Anaïs*, décédée le 10 février 1849.

ANNOTATIONS

1er mai 1837. — Certificat de maréchal expert, décerné à Fulcrand.

27 février 1847. — Procès-verbal de non-conciliation contre Favier père, et fils aîné.

1852-1858. — Papiers relatifs à divers héritages faits par Fulcrand comme époux de Rosine Favier.

20 octobre 1858. — Acte d'acquisition et quittance pour l'eau de la fontaine attenant à la maison de la Croix.

3 mars 1859. — Achat de la vigne Lauriol.

2 avril 1860. — Décès de Rosine Favier, son épouse.

13 avril 1860. — Bordereau de créance hypothécaire contre Jean Louis Aliger, en faveur de Fulcrand Beaux.

17 septembre 1866. — Quittance des droits de succession du décès de Rosine.

6 février 1861. — Contrat du mariage d'Amélie avec Auguste.

7 février 1861. — Engagement en faveur d'Auguste.

29 septembre 1871. — Quittance d'Ernest à son père.

25 mai 1872. — Quittance de Ferdinand à Fulcrand.

25 mai 1872. — Donation de Fulcrand à Amélie, sa fille, de tous ses biens.

4 septembre 1875. — Pierre Deshons s'engage à rétablir le mur élevé sur celui de notre maison de la Croix et reconnaît que la vue qu'il a sur notre hangar est hors son droit, s'engageant à rétablir les choses suivant notre droit à première réquisition.

12 septembre 1886. — Acte de dépôt de la vente du droit d'eau pour la maison de la Croix.

Huitième génération, collatérale.

D'Amélie Beaux, fille de Fulcrand Beaux et de Rosine Favier,
Et d'Auguste Beaux, fils d'Auguste et de Clotilde Lenoir,
Mariés le 7 février 1861,
Naquirent :

25 novembre 1861. — *Louise*, décédée le 6 juin 1865.

7 février 1863. — *Auguste.*

8 juin 1864. — *Georges.*

20 août 1866. — *Léon*

5 août 1868. — *Maurice.*

28 mai 1871. — *Louis,* décédé le 19 septembre 1874.

8 juillet 1873. — *Louise.*

24 septembre 1878. — *Amélie.*

N. B. — Ce sont les mêmes qui forment la 7° génération de la branche des Auguste.

BRANCHE DE SUMÈNE

Septième génération, collatérale.

De Ferdinand Beaux, de Sumène, négociant, né le 17 février 1822, second fils de Jean-Grégoire,
Et de Joséphine Cambon, de Sumène, décédée le 8 juillet 1858,
Mariés le ..... avril 1851,
Naquirent :

1852? ... Gustave, décédé jeune.

18 février 1854. — Marie Elise.
Parrain : son oncle Cambon, Charles,
Marraine : sa tante Marie Beaux Valdeiron, épouse de Léonce Valdeiron, le 25 septembre 1877.

1856? ... Achille, décédé en avril 1860.

Du même, époux en secondes noces,
De Virginie Poujol, de Ganges,
Mariés le 16 février 1860,
Naquirent :

Novembre 1860. — Henry, décédé jeune.

10 mai 1862. — Henry.
Parrain : son grand-père maternel Poujol.
Marraine : sa tante Marie Beaux Valdeiron.

19 décembre 1864. — Madeleine Augustine.
Parrain : Auguste Beaux, père, de Milan.

N. B. — Nous avons encore d'autres parents, de Sumène, comme le Dr Beau, de Sumène, Ferdinand Beau et son fils, Henry, ainsi que sa fille Antoinette, d'Espagne (originaires également de cette ville, et descendants d'un Auguste Beau de Sumène qui fût créer l'industrie de la filature de la soie à Barcelone, puis à Valence (Espagne), vers 1839).

De tous ces parents, je regrette de ne pouvoir donner la généalogie précise, faute de documents positifs qui puissent nous révéler d'où part vraiment la tige qui les relie à notre famille.

Ce doivent être des descendants de ce Jean Baud, de Sumène, parrain de Suzanne Baud, le 1ᵉʳ mars 1726, dont il est question dans ce livre, page 52.

En effet, et quoique sans documents absolument positifs, on peut démontrer que ce Jean Baud, de Sumène, parrain de Suzanne Baud, le 1ᵉʳ mars 1726, est le frère aîné de Jacques et de Louis, c'est-à-dire l'oncle de cette Suzanne, et par conséquent le fils aîné de Jean Baud-Berthézène.

Voici comment :

1° L'acte du 24 mars 1727 établit que Jean Baud-Berthézène lègue à ses fils François, Louis et Anne, d'une part ; à Jean Jean Baud, son fils aîné, d'autre part ; enfin, institue Jacques, son second fils, son héritier, preuve que c'est celui qui remplace auprès de lui l'aîné, absent.

2° Au mariage de Louis avec Constance Voisin, c'est encore ce Jacques qui intervient, au lieu de l'aîné, avec procuration de son père.

Ces deux faits démontrent donc que le fils aîné, Jean, avait abandonné Saint-André et que, en son lieu et place, c'est son frère cadet, Jacques, qui avait pris la suite de la forge de son père, et les prérogatives de l'aîné.

3° Or, ce même Jacques, dans le premier baptême de ses enfants :

Le 1ᵉʳ mars 1726, prend pour parrain *Jean Baud*, de Sumène ;

Le 21 septembre 1727, prend pour marraine Anne Baud, sa sœur ;

Le 19 août 1729, prend pour parrain François, son frère.

Il est donc évident et naturel de conclure que le premier parrain, Jean, était son frère aîné.

Dans ce cas, nous pouvons reconstituer la généalogie de nos parents de Sumène : le docteur, et les Beau d'Espagne, de la façon suivante :

Première génération. Commune avec nous : Jean Baud-Dommenge.

Deuxième génération. Commune avec nous : Jean Baud-Berthézène.

Troisième génération. Jean Baud, fils aîné des précédents, frère de Jacques, de Saint-André, et de Louis, de Lasalle,

Né le 11 novembre 1692, marié à Sumène, probablement vers 1715.

Quatrième génération. Ses descendants, correspondant à la *quatrième génération* de Jean Baux-Grousset, de Lasalle.

Cinquième génération. Correspondant à celle de Jean Baux-Banal, de Lasalle.

Sixième génération. Joseph et Auguste Beau, ce dernier né vers 1784 et décédé en 1858.

Septième génération. Le docteur Beau Joseph, fils de Joseph.

Id. Henry Charles Augustin, fils d'Auguste et de Rose Castanier,

Né le 28 décembre 1819, décédé commandant en retraite, le 19 novembre 1880.

Id. Ferdinand, filateur de soies, à Valence (Espagne),
Né le 16 octobre 1827, époux de Marie Joséphine Orti,
Duquel les enfants furent :

Huitième génération. 24 janvier 1857. Henry, époux de Gabrielle Dassier, dont la fille, Marie (*neuvième génération*), est née le 12 janvier 1890.

Id. 26 mai 1860. Marie-Antoinette, épouse de Gabriel Guaus, dont la fille, Marie, est née en janvier 1888.

BRANCHE DE CÉZAS

Sixième génération, collatérale.

De Jules Beaux, fils de Jean Beaux et de Madeleine Banal,
Né le 21 janvier 1805, décédé le 25 septembre 1865,
Et de Jeanne Ginestier de Cézas, née en 1807, décédée le
20 mai 1863,
Mariés en 1831,
Naquirent :

9 novembre 1832. — Jules Fulcrand.
Parrain : Fulcrand Beaux.
Marraine : Justine Ginestier de Cézas, cousine germaine de
sa mère.

1er août 1834. — Ferdinand.
Parrain : Ferdinand Beaux, de Sumène, son cousin germain.

Septième génération, collatérale.

De Jules Beaux de Cézas, fils de Jules et de Jeanne Ginestier,
Né en 1832, le 9 novembre.....
Et de Félicité Beaux, sa cousine, de Saint Martin de Londres,
Née le 3 mai 1842,
Mariés le 8 décembre 1863,
Naquirent :

4 octobre 1864. — Julien François, décédé le 22 juillet 1883.

10 août 1866. — Laurence Rosalie, décédée le 24 mai 1885.

15 mai 1870. — Marie Louise, décédée le 1er décembre 1881.

Septième génération, collatérale.

De Ferdinand Beaux de Cézas, fils de Jules et de Jeanne
Ginestier, frère de Jules, ci-dessus,
Né en 1834, le 1er août,

Et de Rosalie Gardelle, de Saint Roman de Codière,
Mariés le 18 mai 1865,
Naquirent :

11 décembre 1866. — *Fernand.*

10 octobre 1874. — *Julia,* épouse de Henry Querelle, de Ven-
dargue, le 30 avril 1889.

10 octobre 1874. — *Valérie,* sœur jumelle, décédée le même
jour.

BRANCHE DE SAINT-MARTIN

Sixième génération, collatérale.

De Louis Beaux, maître maréchal et maire de Saint-Martin de Londres, fils de Jean Beaux et de Madeleine Banal, né en 1802, et décédé le 15 novembre 1880,

Et de Anne Célestine Pioche de Saint-Martin de Londres, née en 1806-1807, décédée le 16 février 1873,

Mariés en 1831,

Naquirent :

29 avril 1832. — *Louis,* décédé à Beyrouth le 9 novembre 1868.

16 janvier 1834. — *Pierre Marcel,* décédé enfant.

19 décembre 1835. — *Françoise Trophine Anne,* décédée enfant.

2 février 1837. — *Jules Ferdinand Fulcrand,* décédé enfant.

10 juin 1839. — *Anne Marie Julie,* décédée le 27 juin 1874.

3 mai 1842. — *Martine Marguerite Félicité,* épouse du fils de Jules Beaux, de Cézas.

2 février 1844. — *Marie Julie Mathilde Madeleine* (épouse de Henry Planès, de Vias, décédé le 11 décembre 1887). Décédée le 29 octobre 1878.

22 juin 1846. — *Louise-Hélène Anaïs,* décédée enfant.

BRANCHE DE JACQUES BAUD

Troisième génération, collatérale.

De *Jacques Baud*, maître maréchal, fils de Jean-Berthézène,
Et de Suzanne Maffré, tous deux de Saint André,
Mariés le .....
Naquirent :

1ᵉʳ mars 1726. — Suzanne.
Parrain : Jean Baud, de Sumène.
Marraine : Marie Flavier, de la Rouvière.

21 septembre 1727. — Jacques.
Parrain : Jean Mazel, du Mazel.
Marraine : Anne Baud, de Saint André, tante.
Décédé jeune.

19 août 1729. — François.
Parrain : François Baud, maître maréchal.
Marraine : Marie Maffré, du Mazel.

11 mai 1732. — Etienne.
Parrain : Etienne Blanchon, du Vigan.
Marraine : Suzanne Portalès, de Peyregrosse.
Décédé le 17 mars 1753, à Saint André.

27 novembre 1733. — Marie.
Parrain : Louis Berthézène, du Mazel.
Marraine : Anne Salze, du Mazel.

9 janvier 1736. — Anne Constance.
Parrain : François Maffré, du Mas del Prat.
Marraine : Constance Voisin de Lasalle.

8 octobre 1738. — Jacques, décédé à Lasalle, à 12 mois, le
    18 octobre 1739.
Présents : Delranc, Tardres.

ANNOTATIONS

14 avril 1728. — Quittance par Guillaume Journet, à Jacques.
29 septembre 1732. — Quittance par Jean Fabre.

9 août 1736. — Quittance par Anne Baud, veuve Jean Gervaix, sa sœur, pour sa légitime.

17 mars 1743. — Quittance par Alexis Puech, à Anne Baud.

13 avril 1743. — Deuxième mariage d'Anne Baud, veuve Gervaix, avec Portalès, facturier en laine, assistée de son frère Louis, de Lasalle, ce qui semble indiquer que Jacques était déjà décédé.

20 novembre 1745. — Mariage de Suzanne, fille de feu Jacques, avec Etienne Flavier, maître maréchal, du consentement de son oncle Louis, de Lasalle.

20 janvier 1746. — Testament de François, qui s'engage, et institue son frère Etienne, héritier.

8 décembre 1746. — Naissance de Suzanne Flavier. Parrain : Antoine Flavier. Marraine : Suzanne Maffré.

6 janvier 1749. — Naissance de Marie Anne Flavier. Parrain : Antoine Portalès. Marraine : Marie Puech.

Décédée le 18 mai 1752.

30 novembre 1749. — Décès de Suzanne Baud, épouse Flavier.

17 juin 1750. — Mariage d'Etienne Flavier, veuf de Suzanne, avec Isabeau Accariès.

28 octobre 1752. — Testament d'Etienne en faveur de François.

17 mars 1753. — Codicille d'Etienne, nommant héritières ses deux sœurs Anne et Marie, en cas de décès de son frère François.

26 mai 1760. — Testament de Marie, décédée le 24 juin 1760, à 27 ans, nommant héritières: sa mère, sa nièce Suzanne Flavier, et sa sœur Anne.

18 décembre 1761. — Partage entre : François Baud, cavalier au régiment de Damas, Etienne Flavié, pour sa fille Suzanne, issue de son mariage avec Suzanne Baud; Anne Baud, femme de Pierre Mazot.

Lesdits François et Anne, enfants de feu Jacques Maffré qui aurait laissé 4 autres enfants : Jacques, Etienne, Suzanne et Marie, décédés.

19 février 1762. — Obligation par Pierre Roussel, à François Baud, brigadier au régiment de Damas, et à Marguerite Garillon, son épouse.

27 février 1762. — Bail par François, brigadier, à Pierre Sarran, travailleur.

27 février 1762. — Testament de François, en faveur de sa mère. Il nomme sa femme héritière.

14 août 1763. — Quittance par François, redevenu maréchal, à Pierre Roussel, menuisier.

6 novembre 1764. — Bail par Etienne Flavier, maître maréchal, à son beau-frère François, aussi maître maréchal, d'une maison.

Saint-André Majencoules. 15 mai 1766. — Obligation par Pierre Carles, époux de Marie Fesquet, à Anne Biau, sa belle-mère, veuve de Jacques Fesquet, d'Ardaillers.

19 janvier 1769. — Vente par François Baud, maître maréchal de Saint-André, et les mariés Pierre Mazot et Anne Baud, à Pierre Roussel, menuisier, de pièces de terre.

21 juillet 1769. — Vente par Pierre Mazot et Anne Baud, de Roquedur, à François Baud, maître maréchal-ferrant de Saint-André, d'une demi-maison.

21 juillet 1769. — Vente par veuve Jacques (Suzanne Maffré), d'une demi-maison, à Jacques Daudé.

8 janvier 1772. — Quittance par Jacques Carles, d'Ardaillers, à Anne Biau, Veuve Jacques Fesquet, d'Ardaillers.

11 janvier 1773. — Testament d'Anne Biau, Veuve Jacques Fesquet, d'Ardaillers, à sa fille Marie Fesquet, épouse Teissonnière.

Ses autres enfants sont: Jacques et Jeanne Fesquet.

12 septembre 1773. — Oligation par Jean Berthézène, maréchal à forge du Mazel, à François Baud, cavalier de la maréchaussée, résidant à Pézenas.

1er décembre 1786. — Consentement par Toinette Biau et Antoine Tassé, mariés, de Ganges, au mariage de leur fils Louis Tassé avec Marie Arnal, de Bez.

5 août 1792. — Obligation par Marie Abric, veuve Jacques Teissier du Villaret, à Marie Biau, épouse André Fabre, fabricant de bas, au Vigan.

D'Étienne Flavier, maître maréchal de Vallerangue, fils de feu Étienne et de Marie Puech,

Et de Suzanne Baud, fille de Jacques, maître maréchal de Saint-André et de Suzanne Maffré,

Décédée le 30 octobre 1749,

Mariés le 20 novembre 1745,

Naquirent :

8 octobre 1746. — Suzanne, née à Saint-André.
6 janvier 1749. — Marie-Anne,   id.
    Décédée le 18 mai 1752.
    N. B. — Étienne Flavier s'est marié en secondes noces avec
Isabeau Accariès, de la Rouvierette-Raoux.

    De Pierre Mazot, fils de Pierre Mazot, maître tonnelier, et de
Suzanne Teissonnier,
    Et d'Anne Baud, fille de feu Jacques Baud, et de Suzanne
Maffré,
    Mariés le 12 février 1760,
    Naquit :

21 novembre 1760. Pierre Mazot.
    Parrain : Gabriel Mazot.
    Marraine : Suzanne Maffré, sa grand'mère.

BRANCHE DE SEMIÈGE

Quatrième génération, collatérale.

De Jean Baptiste Beaux, fils aîné de Louis, et de Constance Voisin, né vers 1727-1729.

Epoux de Marie Baille, fille de Jean Baille et de Marie Voisin,

Maître maréchal à Saint-Hippolyte,

Naquirent :

Vers 1729?... Jean Baptiste Beaux, plus tard époux de sa cousine Jeanne Baille, le 12 février 1782,

Ménager à Semièges.

ANNOTATION.

Par suite de son séjour à Saint-Hippolyte, la naissance des autres enfants de ce Jean-Baptiste, ainsi que les autres actes l'intéressant, nous échappent. — Tout ce que nous en savons, c'est qu'il assiste le 20 août 1752 au mariage de son frère Louis avec Jeanne Castan, et que le 24 mars 1780, il vend à son frère Jean le Causse Nègre.

Cinquième génération, collatérale.

De Jean-Baptiste Beaux, fils du précédent, habitant chez son père, place de Ville, à Saint-Hippolyte, né vers 1759, plus tard ménager au mas de Semièges où il est décédé le 22 mai 1791, à 32 ans, présent Joseph Aubanel,

Et de Jeanne Baille de Saint-Bonnet, sa cousine, fille de Jean Baille, travailleur de laine, et de Marie Voisin, demeurant actuellement à Vabres,

Présents : Jean-Baptiste Beaux, père de l'époux ;

Ses oncles : Jacques Beaux, maître maréchal à Saint-Hippolyte ;

— Jean Beaux — — de Lasalle ;

Et Joseph Aubanel, ménager de Saint-Bonnet,

Mariés le 12 février 1782,
Naquirent :

20 novembre 1785. — Anne. Parrain : Joseph Aubanel,
Marraine : Anne Voisin, tante maternelle.
Plus tard, épouse de Louis Beaux, fils de Louis Moinier, le
9 messidor an XII.
17 janvier 1787. — Jean-Baptiste. Parrain : Jean Baille, oncle
maternel.
Marraine : Marianne Vialat, de Saint-Hippolyte ; présents : le
père et Joseph Aubanel.
Plus tard, époux de Marie Priscille, de Saint-Bonnet, le 21 fé-
vrier 1816.
27 mars 1788. — Joseph. Parrain : Joseph Aubanel.
Marraine : Anne Voisin, son arrière-grand-tante.
Présents : le père et le parrain,
Décédé le 4 août 1788. Présent : Joseph Aubanel.
7 juin 1789, François. Parrain : Joseph Aubanel,
Marraine : Anne Voisin, sa grand'tante,
Présents : le père et le parrain.
11 juillet 1791.— Joseph, décédé le 11 mai 1792.
Présents : Louis Beaux, maître maréchal-ferrant et Louis
Cruveille.

ANNOTATION

18 avril 1789. — Inhumation de Marianne Baille, fille de
Jean Baille et de Marie Voisin, femme de Jean Bessière, fermier
domaine de Boissières.
Présents : Joseph Aubanel et Jean-Baptiste Beaux.

Sixième génération, collatérale.

De Jean-Baptiste Beaux,
C'est sans doute celui qui est né le 17 janvier 1787, c'est-à-
dire le fils de Jean-Baptiste Beaux et de Jeanne Baïle.
Et de Marie Priscille de Saint-Bonnet,
Mariés le 21 février 1816,
Naquirent :

Septième génération.

Jean-Baptiste, époux de....
dont le fils:

Huitième génération.

Joachim Beaux reste actuellement avec son père, ci-dessus, faubourg d'Auvergne, à Alais.

BRANCHE DE LOUIS

Quatrième génération, collatérale.

De Louis, maître maréchal, fils de Louis Beaux et de Constance Voisin, de Lasalle, né le 15 janvier 1730,

Et de Jeanne Castan, fille de feu Joseph Castan et de Clémence Faïolle,

Mariés le 20 août 1753.

Présents : Mᵉ Jacques Valat, notaire, de Lasalle, procureur d'office,

Jean Baptiste Beaux, son frère, de Saint Hippolyte,

Jacques Beaux, son frère, de Lasalle

(Ce qui semble indiquer l'absence du père de l'époux, sans doute déjà malade, et près de sa fin, qui a dû être vers 1754),

Naquirent :

25 décembre 1755. — *Louis.* Parrain : Jacques Valat ;
Marraine : Constance Voisin.
Présents : Beaux, et Jacques Valat.
Décédé le 16 avril 1802, à 47 ans. — Ce doit être celui qui assista au mariage de son cousin germain, Jean, à Saint-Bauzille, le 18 octobre 1785.

11 novembre 1759. — *Marie.* Parrain : Jacques Beaux, oncle.
Marraine : Marie Brugueirolle.
Présents : Beaux, Beaux, Faïolle (oncle de la mère).
Mariée le 15 septembre 1778 avec Louis Roche d'Anduze.
Présents : Jean Beaux, son oncle, Jacques Valat, procureur, François Roche, frère de l'époux, Moinier, Agier.

15 août 1763. — *Louise.* Parrain : Joseph Beaux, oncle.
Décédée le 5 septembre 1765.
Présents : Louis Alibert, Dufour.

10 mars 1767. — *Joseph.* Parrain : Louis Beaux.
Marraine : Marie Valat.
Présents : Beaux, Baux, Beau.
(Sans doute décédé aussitôt.)

28 septembre 1768. — *Joseph.* Parrain : Joseph Aubanel.

Marraine : Louise Grousset.

Présents : Jean Beaux, son oncle, Louis Beaux, le père, Louison Grousset, Aubanel.

(Décédé le 4 novembre 1768.)

Présents : Armand, Beaux.

ANNOTATIONS

7 octobre 1758. — Un acte de ce jour, passé entre Madame la baronne de Barre et Sujol Etienne, donne droit d'appui à Beaux, pour sa maison de forge.

Ce Louis Beaux, époux de Jeanne Castan, est décédé le 11 juillet 1773, à 43 ans.

Présents : Jacques Valat et Jean Beaux.

(Voilà pourquoi c'est son fils qui le remplace, comme témoin, au mariage de son cousin germain, Jean Beaux, avec Mademoiselle Banal de Saint Bauzille, le 18 octobre 1785.)

Cinquième génération, collatérale.

De Louis, maître maréchal, fils de Louis et de Jeanne Castan, né le 25 décembre 1755 et décédé le 16 avril 1802 (16 germinal An X), à 47 ans,

Et d'Angélique Moinier, de Lasalle,

Mariés vers 1778, naquirent :

(*N. B.* D'après un acte de M⁰ Boissière, de 1800, il y eut 8 enfants.)

22 août 1779. — *Louis Jacques*, né le 17. Parrain : Jacques Moinier, son oncle, ménager.

Marraine : Jeanne Castan, veuve de Louis Beaux, sa grand'mère.

Présents : père, parrain, Mademoiselle Louise Costier, Clerc, et Jean Beaux, plus tard époux de Anne Beaux, en 1802.

18 février 1781. — *Joseph*, né le 16. Parrain : Louis Roche, d'Anduze, époux de Marie Beaux.

Marraine : Suzanne Hébrard.

Présent : le père.

(*N. B.* — Le baptême, fait par le prieur de Saint-Bonnet, du consentement de M. le curé de Lasalle, semble indiquer que la famille habitait à Saint-Bonnet, déjà à cette époque.)

1er janvier 1783. — *Angélique,* née hier.
Décédée 12 jours après.
Parrain : Jacques Périer, menuisier.
Marraine : Marie Gibelin.
Présent : le père.

2 février 1784. — *François Jacques,* né hier. Parrain : Jacques Valat, procureur jurisdictionnel ;
Marraine : Louise Valat, épouse de François Causse, de Ganges.
Présent : le père.

8 décembre 1785. — *Angélique Suzanne.* Parrain : Jacques Périer ;
Marraine : Suzanne Hébrard.
Présent : le père.
Décédée le 10 mars 1788.
Présents : Jean Beaux, père et fils.

19 décembre 1787. — *Marie.*
Parrain : Jean Beaux, son grand-oncle.
Marraine : Marie Beaux, épouse de Louis Roche, d'Anduze.
Présents : Le père, le parrain et la marraine.

N. B. — Il se peut que ce soit cette Marie qui décède le 20 novembre 1849, à 68 ans ?... Femme Grousset.

17 janvier 1790. — *Françoise,* décédée le 6 octobre 1791.

29 janvier 1792. — *Jean.* Présent : le père.
Décédé le 10 janvier 1836, à 44 ans.

29 germinal 1793. — *Pensée.*
(Peut-être celle qui, plus tard, sous le nom d'Angélique, les deux précédentes *Angélique* étant mortes, fut mariée à Augustin Fort, en 1811.)

Présents : Jean Beaux, probablement son oncle, et François Beaux, probablement son frère (François Jacques).

12 fructidor An IV. — *Charles,* décédé le 29 prairial An VI, à 20 mois.

3 floréal An VII. — *Hippolyte,* décédé le 30 octobre 1839.

Peut-être Justin et Antoine Beaux, dont il est question dans certains actes, sont-ils aussi des enfants de ce Louis.

Le 23 juin 1779, Marie Voisin, épouse d'Antoine Arcaïs, lui vend un courtil et une écurie.

1781-1782. — Quittance Moïse Deshours, et Jean Soulier, à Louis.

1788-1789. — Marie Voisin lui vend une maison à la Gravière.

1791. — Jean Mourier lui fait une cession.

1793. — Transaction entre Justin Beaux et Louis Dumas, que je place ici, sans savoir précisément de qui ce Justin est le fils.

30 décembre An 1er. — Se présente pour un acte, devant l'officier public de la commune de Lasalle.

1800. — Vente à son fils ; son testament. Il y est question des 8 enfants qu'il laisse. Inventaire de ses biens.

1800-1801. — Quittance à Louis, par Jean Mourier.

Sixième génération, collatérale.

De Louis Beaux, maître maréchal, fils de feu Louis et de Angélique Moinier,

Né le 17 août 1779,

Et de Anne Beaux, née le 20 novembre 1785, décédée le 5 mai 1807,

Fille de feu Jean Baptiste Beaux et de Jeanne Baile, de Semièges,

Mariés le 9 messidor an XII,

Tous deux du consentement de leur mère, veuve ; et l'épouse, également du consentement d'Anne Voisin, sa grand'tante, veuve de Joseph Aubanel, en présence des citoyens Pierre Sujol, père et fils, agriculteurs, et Edouard Vernet, propriétaire,

Naquirent :

20 messidor an XIII. — Anne, décédée le lendemain ;

23 avril 1807. — Jean Louis, décédé le 7 janvier 1830, à 22 ans.

5 mai 1807. — Décès d'Anne Beaux, l'épouse de Louis.

1809. — Inventaire des biens de Louis Beaux (l'époux d'Anne Beaux), maître maréchal comme son père.

BRANCHE DE PIERRE BEAUX

Cinquième génération, collatérale.

De *Pierre Beaux*, fils de Jean-Grousset, né le 15 octobre 1773, tailleur, décédé à 28 ans, le 19 fructidor an X, cabaretier,

Et de Jeanne Bruguière, fille de Jacques Bruguier et de Jeanne Delranc, née le 19 novembre 1773, mariés le 11 nivôse An V.

Témoins : François Dumas, Jean Vièles, François Alméras, Jean Toureille.

Naquirent :

2 nivôse An VI. — Jeanne, plus tard Veuve Ricard, décédée à 86 ans, le 5 février 1886.

10 frimaire An VII. — Pierre, maçon, décédé le 12 mars 1871, à 72 ans.

1800 - 1801. — Françoise, plus tard épouse Pagès, le 20 juin 1826.

Présents : Pierre et Jules Beaux.

Décédée le 28 septembre 1886.

ANNOTATIONS

1787. — Baptême de Jean Pierre Grousset, fils de Jean Grousset, maître maréchal-ferrant, et de Jeanne Itier. Parrain : Pierre Beaux.

18 mai 1791. — Mariage de .... Présents : Pierre Beaux, tailleur ; Jean Beaux, maréchal-ferrant.

6 février 1797. — Transaction entre Jean et son frère Pierre.

COTÉ MATERNEL

———

D'après les documents précédents, il résulte que :

Dans l'origine, il y avait deux frères Lenoir, dont voici la généalogie :

Première génération.

Claude Lenoir, tailleur de pierres à Saint Cyr au Mont d'Or, près Lyon.

Pierre Lenoir, époux, en premières noces, de Barthélemie Grépot,

Et, en secondes noces, de Louise Brottet.

Ses enfants furent :

Deuxième génération.

De Barthélemie Grépot : Joseph Nicolas Lenoir,
Alexandre Amédée Lenoir,

De Louise Brottet : Claudine Alexandrine Amédée Lenoir,
Henry Lenoir,
Jacques Lenoir,
Anne Claudine Lenoir,
Clotilde Lenoir, ma mère.

Troisième génération.

De Clotilde Lenoir,
Et d'Auguste Beaux,
Mariés en 1839,
L'unique fils fut : Auguste Beaux, négociant à Lyon.

Quatrième génération.

D'Auguste Beaux fils,
Et d'Amélie Beaux,
Mariés en 1861,
Les enfants sont :

Auguste,
Georges,
Léon,
Maurice,
Louise,
Amélie.

———————

Paris. — Typographie Gaston Née, rue Cassette, 1. — 2593.